直播电商实务

互联网营销系列培训教材

周莉 邓凤仪 徐小斌 黄晶 熊敏◎编著

西南财经大学出版社

中国·成都

图书在版编目(CIP)数据

直播电商实务/周莉等编著 . —成都:西南财经大学出版社,2021.7
ISBN 978-7-5504-4581-9

Ⅰ.①直… Ⅱ.①周… Ⅲ.①网络营销 Ⅳ.①F713.365.2

中国版本图书馆 CIP 数据核字(2020)第 190084 号

直播电商实务
ZHIBO DIANSHANG SHIWU

周莉　邓凤仪　徐小斌　黄晶　熊敏　编著

责任编辑:陈何真璐
封面设计:张姗姗
责任印制:朱曼丽

出版发行	西南财经大学出版社(四川省成都市光华村街55号)
网　　址	http://cbs.swufe.edu.cn
电子邮件	bookcj@ swufe.edu.cn
邮政编码	610074
电　　话	028-87353785
照　　排	四川胜翔数码印务设计有限公司
印　　刷	郫县犀浦印刷厂
成品尺寸	185mm×260mm
印　　张	9.5
字　　数	186 千字
版　　次	2021 年 7 月第 1 版
印　　次	2021 年 7 月第 1 次印刷
印　　数	1—2000 册
书　　号	ISBN 978-7-5504-4581-9
定　　价	36.00 元

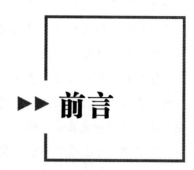

▶▶ 前言

近年，随着移动通信技术的发展、网络通信设施的日益完善、智能手机制造技术水平的不断提高，全球移动互联网用户规模持续增长。2021年2月3日，中国互联网络信息中心（CNNIC）正式发布了第47次《中国互联网络发展状况统计报告》。报告显示，截至2020年12月，我国网民规模达9.89亿，较2020年3月增长8540万，互联网普及率达70.4%；同时，我国手机网民规模达9.86亿，较2020年3月增长8885万，网民使用手机上网的比例达99.7%。根据目前的趋势来看，未来移动互联网渗透率将稳步提升。

随着短视频、直播带货等网络营销的兴起，互联网营销和新零售备受关注。目前，中国互联网营销覆盖用户规模已达8亿，互联网营销从业人员数量以每月8.8%的速度快速增长，大量中小微企业也因网络直销迸发出活力。同时，这种销售形式也给客户带来了直观、愉悦的购买体验。商务部数据显示，2020年上半年，全国范围电商直播数量超过1000万场，活跃主播数量超过40万，观看人次超过500亿，上架商品数量超过2000万。

自2016年兴起，到2019年爆发，直播电商发展速度之快，影响面积之大，被誉为中国经济发展中的一项"奇观"。2020年，在新冠肺炎疫情期间，电商直播在中国迸发出新活力，成为刺激经济发展的新动力，其重要地位更是得到各界的肯定。全民性的在线选品、在线定制、在线下单、在线支付、在线服务以及完整的线下快递配送体系，使这种孕育很久的"线上+线下"融合发展的新体系，一下子覆盖到全国各个领域。

持续高涨的热度背后，直播带货潜藏的漏洞与问题也相继暴露出来。行业快速发展而相关的监管制度滞后，专业化人才短缺，以及不可持续性的低价模式，都是直播电商行业当前的痛点。为此，直播电商行业的健康持续发展也备受政府、企事业单位及科研机构的关注。2020年7月6日，人力资源社会保障部联合市场监管总局、国家统计局向社会发布了包含互联网营销师在内的9个新职业。同时也发布了包括直播销售员在内的多个工种，部分工作上升为职业。这是我国自《中华人民共和国职业分类大典》（2015年版）颁布以来发布的第三批新职业。与此同时，各级政府部门纷纷探索促进电商直播健康有序发展的路径及对策，各企事业单位也根据自身实际，选择并不断探索和创新适合自身特点的直播电商模式，在此过程中，互联网营销人才缺乏、主播能力缺失、直播团队的组建和打造缺乏经验等问题，则成为众多企事业单位共同关注的焦点和普遍面临的痛点。

本书立足于直播电商行业发展的现实需要和未来趋势，对直播电商发展史、直播电商要素、直播电商模式进行概括和总结，主要介绍了直播电商的运营实务，同时也对直播电商的未来发展进行了展望。本书分为五大部分十二章，主要适用于有直播电商和主播人才培养需求的企事业单位、发展直播电商业务的广大企事业单位、有意成为网络主播的企业界人士及待业青年（含各类学生群体），本书也可作为本科及高职院校的经济管理、电子商务、市场营销等专业开设直播电商组织战略、运营实务及主播打造的专业课教材。当然，限于各种因素，本书在许多细节上还有进一步完善的空间，编著团队欢迎热心的读者提出宝贵的意见。同时，本书引用了一些专家学者及企业家、管理者的观点，在此对他们表示衷心的感谢和崇高的敬意。

本书编著团队

2021年6月

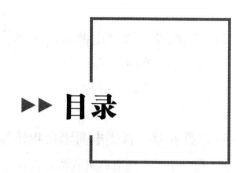

▶▶ 目录

第一部分　直播电商概论

第二部分　直播电商的战略与组织

第三部分　直播电商运营管理

第四部分　主播的打造与发展

第五部分　直播电商的未来

第一部分
直播电商概论

第一章

直播电商及其发展史

第一节　认识直播电商

一个窗口，联系着千千万万的你我他，动态画面、商品展示、功能介绍等，让消费者在屏幕前保持着与主播的互动……这是当下直播带货带给购物者的新体验，当新冠肺炎疫情束缚我们远足的脚步，当商场开始失去往日的风采，直播电商却勾勒出一幅美丽的画面。

随着4G（第四代移动通信）网络的普及，直播电商为电商平台带来了"第二春"，上至董事长，下至一线导购都走进了直播间。直播电商似乎成了解决流量增长、变现的"万能药"。直播电商的发展路径表明其仍是一个新的行业，还在往产业化的方向探索，"直播"与"电商"还需要很长的磨合期。

一、具备强大生命力的直播电商

十多年前，当移动互联网经济初现端倪，直播电商就已萌芽——电商导购类社区出现。2009年，美丽说上线，它是以内容为驱动的导购社区，用户可以在线推荐、分享、评论商品，在不断获取信息的同时将自己的各种体验反馈或者感兴趣的图文内容转发到流量更大的社交平台。导购先发优势带来的丰厚的分佣，激励着时尚博主、模特等入驻，导购社区逐渐形成PUGC（专业用户生产内容）驱动的社区生态——优质内容创造者、加工者，在既有的社区分享对商品的见解与体验，并在吸引用户购买后获得佣金回报。导购社区的出现促使更多个体参与线上商业的运作，加速了"网红"经济的商业化进程。

随着智能手机的普及和移动流量成本的下降，互联网成为社会无所不在的窗口，有效营销渠道变革开始，社交、娱乐类产品继而大量涌现。从图文到视频，互联网媒介的信息密度也在升级。于是，快手、抖音等短视频平台应运而生，直播迎来井喷式发展，原本在电脑端不温不火的秀场直播，一跃成为移动互联网风口，2016 年也被认为是移动直播的元年。

二、创造奇迹的直播电商

目前，中国在线直播涉及面极为广泛，涵盖了游戏直播、秀场直播、生活类直播、电商直播等，观看直播逐渐成为人们的上网标配之一。以直播为代表的 KOL（关键意见领袖）带货模式给消费者带来了更直观、生动的购物体验，构建了新环境下的消费渠道和价值链渠道，已经成为电商平台、内容平台的发展新动力。

2019 年的"双 11"，也就是"电商的狂欢节"期间，在预售开启前一晚的直播中，薇娅和李佳琦直播间的观看人次均超过 3 000 万，两人都是在 2016 年开始直播卖货的。

为什么直播电商能够迅速火爆起来？不少商业领域的专业人士认为，原因之一就是疫情下形成的"全民宅家购物"的数字经济快速成长，网络消费能够迅速被各界接受。全民性的在线选品、在线下单、在线定制、在线支付、在线交流、在线服务以及完整的线下物流配送体系，使这种孕育很久的"线上线下"融合发展的新体系，一下子覆盖到各个领域。

三、百花齐放的直播电商

从目前直播电商发展的现状来看，可以说形成了新一轮的"下海潮"。几乎各界各类人员都有跻身这一新兴行业的趋势，地产商、明星、媒体从业人员、自媒体创业者等都表现出对直播电商的参与热情。自 2019 年以来，直播卖货逐渐被各大平台纳入重要战略。

在我们的日常生活中，最为常见的淘宝、抖音与快手等直播电商明星，让直播电商的精彩与魅力充分展现出来。但它们并不是孤立发展的，而是成体系、重生态的一种发展模式。比如，淘宝内容生态不仅仅有商品和"网红"，还包括几个板块，例如微淘、淘宝直播和淘宝头条。各板块互相匹配和支援，形成生态循环。淘宝直播现在有独立的 App（应用程序）点淘。从构成来看，淘宝本来就是电商平台，其直播也为电商生态服务，而在直播电商战场价值链中，快手、抖音是内容平台进行电商变现的排头兵。

当然，这些直播电商的发展路径也是有差异的。比如，抖音做的是流量生意，本质还是在做广告，而快手做的是社交下延伸的卖货生意。由于两个平台的流量分发逻辑不同，快手上的主播和粉丝黏性更强。

目前直播电商的发展都是一个有完整体系的发展。抖音搭建了复杂的产品体系，包含视频推广工具 DOU+、直播橱窗、快闪店、抖店等，还有电商广告投放工具"鲁班"。相比之下快手就比较简单，各种流程都简单易学。

四、令人遐想的直播电商

不难发现，直播电商正以"星火燎原"之势席卷全国各地各界，吸引了众多目光。那么，直播电商是什么？它为什么在当前能够具备这么强大的生命力？我们如何认识它并适应这个发展的潮流呢？

总的来看，无论直播电商的表象怎么演变，其关键点在于它仍然是电子商务的一种业态，尤其是，它是一种显著的线上业态，它的存在和发展，必须尊重商品市场运行和商品流通渠道发展的规律，它的核心要素还是商品、渠道、市场、品牌、消费等。因此，在认识直播电商时，要避免两个误区：一方面，不能"重直播，轻电商"，直播电商的主体是电子商务，而不是"网红"或直播等某个表象环节，不能过于夸大"网红"直播的功能和作用；另一方面，不能"重形式，轻内容"，"直播"始终是一种形式和工具，其价值链中最核心的还是商品和电商本身，包括商品的特色、品质及服务等。

与传统的消费模式、购物模式比较起来，直播电商是一种全新的购物体验。传统的消费模式更多依赖消费者"货比三家"等费时费力的搜寻与比较。新模式下的主播们对商品性能的介绍，让消费者能够更为高效地获取核心信息，购物决策简化，购物更便捷。

所以，我们可以这样认为，直播电商对应一种购物方式。通过网络平台和渠道，通过主播的串联，直播电商可以促进和优化购物行为，实现商品流通效率的提升。从商业角度来讲，这属于商业广告活动环节，其显著特征是主播通过直播传递商品信息，根据具体行为还要承担"广告代言人""广告发布者"或"广告主"的责任。相比曾经的电视购物，电商直播没有依靠夸张的语言和戏剧效果来实现"饥饿营销"，而是通过网络平台主播与受众的交互来优化购物者的选择，符合互联网时代用户的社交习惯。

那么，直播电商到底能火多久？是否就热一阵？肯定不是。从理论上讲，这是一种大趋势，是新技术背景下商贸变革的基本方向，未来的直播电商不仅会从纯粹的电子商务领域横向拓展到更多的行业领域，而且还将从商场、市场、广场直接延伸至工厂、农场，形成更加完整的直播产业链。伴随着这种变革和发展趋势，直播电商将从形式主导变为内容主导，最终形成全民直播的格局，但真正的"网红"直播将出现专业化、专家化、专门化的趋势，即未来的直播电商，将从现在的"网红"在直播间带货，逐步转向各类专家、工程师、设计师、园艺师、导购师等以各自的专业知识和专业能力去打动消费者，引导消费者购买商品。

随着 5G 技术（第五代移动通信技术）的深化应用，未来的直播场景将更加丰富，同时视频图像和信号更加流畅稳定，进而在渠道"去中间化"的总体变革中，直播电商最终会走向更加成熟的未来。

第二节　直播电商发展简史

直播电商的发展极其迅猛，我们可以追踪直播电商近年发展过程中的一些引人注目的数据：

2018 年"双 12"期间，淘宝直播一晚帮助贫困县卖出的农产品成交额超千万元。

2019 年"618"购物节，淘宝直播成交额超 130 亿元。

2019 年"双 11"当天，淘宝直播成交额约 200 亿元。

2019 年 11 月 27 日，拼多多首次试水直播，吸引了逾 10 万人观看。

…………

2020 年的一场疫情，给各行各业造成了影响，也给了电商直播一次爆发的机会。据商务部大数据监测显示，2020 年一季度电商直播超过 400 万场。

2016 年是直播电商正式登场的元年，经过数年发展，直播电商已经走过了最初的野蛮生长阶段，开始寻找自身的升级发展模式。在未来，电商直播如何进行优化升级，如何实现更加精细化的管控，如何取得更加健康的发展，正引发业界的不断深入思考、努力探索。

其实直播电商这一路走来，并不是顺风顺水，从萌芽到成型，从步履蹒跚到阔步前进，经历了不少磨难。

一、萌芽期

当前可追溯的直播电商发展萌芽，可以倒推到 2013 年马云面临的一个抉择。当时中国最火的两个电商导购网站"蘑菇街"和"美丽说"，抢走了淘宝 10% 的订单来源。随着这一趋势的快速发展，马云很快做了一个决定：不再继续扶持返利网站。

当时的这一举动，被外界解读为"阿里挥泪斩导购"。最初，很多人看不明白这其中的利害与影响。早期的淘宝购物体验并不好，虽然商品数目堪称海量，但是质量却良莠不齐，消费争端频现，消费者的购物满意度并不高。基于这样的背景，能够降低消费者购物不确定性、降低风险和提高消费体验的第三方导购平台迅速崛起。

由于导购平台威胁到了电商平台的利益，蘑菇街和美丽说不得不转型——依靠多年积累的流量，走上了自建电商之路。面对淘宝、京东这样的巨头，蘑菇街和美丽说的电商之路自然不好走。2016 年 1 月，双方终于走向合并，直播电商正式登场。

二、摸索成长期

为了在夹缝中求生存，蘑菇街开始孕育电商直播。在创始人陈琪眼里，为获得生存空间和适应动态发展的社会，转型必将是蘑菇街的常态。而在成为电商导购平台之前，蘑菇街最初的定位是一个电商搜索工具，提供信息服务，而后转型成为消费社区。脱离淘宝之后，蘑菇街开始转型，在女性垂直电商上发力。在明确定位——专注于为女性消费者服务之后，蘑菇街经过多次尝试，陈琪发现了其中的金子——直播。

当绝大多数"玩家"都专注于游戏直播、娱乐直播的时候，蘑菇街将目光转向了购物直播，把直播引入了电商带货。2016 年 3 月，蘑菇街直播功能上线。由此，蘑菇街逐渐成为一个"直播+内容+电商"的生态平台核心。在蘑菇街开通直播功能两个月后，淘宝直播正式上线。

2016 年被公认为直播元年，那一年，国内接连涌现出了 300 多家网络直播平台，直播用户数也快速增长，2016 年、2017 年是电商直播飞速发展的两年。

彼时的市场上，绝大多数人都还没把电商直播当回事，但是薇娅赶上了好时候。出身于"服装世家"的薇娅，在生长环境的熏陶中，最初一心往娱乐圈发展，当模特、拍广告、做主持人，其副业是开服装店。但是娱乐领域发展实在艰难，不断的挫折也在消磨着她的信心，2011 年，薇娅果断转战淘宝。但那时候的她，绝对想不到这会是一个华丽的转身，几年之后，她获得巨大成长，得以和娱乐圈最当红的明星站在同一个舞台上。

2016 年 5 月，淘宝开通直播功能的第一个月，薇娅第一场直播只有 200 名观众，四个月后，薇娅用一场直播引导了 1 个亿的成交额。当月，京东直播功能上线。随后，淘宝、京东接连发布直播达人扶持计划，投入资源以 10 亿元计。

作为短视频平台，快手和抖音流量可观，主播众多，缺的主要是货。2018 年，短视频平台兴起一股卖大虾、卖玉石的热潮，主播依靠原本的内容和粉丝积累，一时间卖得热火朝天。但是由于缺乏品质监管，消费者售后没有保障，这对于平台来说，绝不是长久之计。同时，有蘑菇街的前车之鉴，快手、抖音也不可能再为他人作嫁衣。

2018 年 6 月，快手牵手有赞，发布了"短视频电商导购"解决方案。主播可以在快手开店，全部交易在快手平台完成。

三、快速扩散期

"OMG，买它！"入选 2019 年最火流行语，这必须归功于李佳琦。这注定是一个要写进电商直播行业历史的最具代表性的词组。正是由于这极具煽动性的洗脑神句，电商直播才正式出圈，在 2019 年彻底火了。

2020 年，在新冠肺炎疫情背景下，在全国上下闭门不出的情况下，电商直播成为各行业的救命稻草。于是，线下商场的柜姐、店员纷纷变身成为电商主播，企业老板亲自下场带货，明星、地方官员也走进了直播间。

直播电商至此百花齐放。

在北京、上海、广州、杭州等地，电商直播基地已经初具雏形。

在直播形式上，主播们走出直播间，正在走进供应链最上游的工厂和原产地。

直播电商发展简史见图1-1。

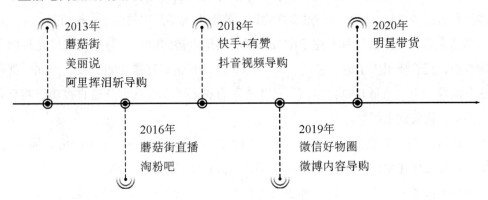

图 1-1　直播电商发展简史

第二章

直播电商要素

第一节　直播电商"人、货、场"

直播电商是一种新的商品变现模式，直播为途径，电商为基础，通过直播为电商带来流量，达到电商销售的目的。直播电商本质上是品牌方对私域流量的积累和变现，是对原有零售渠道"人、货、场"进一步的升级，实现货品去中间商，拉近消费者与产品原产地距离，实现"人"对商品在任意时间任意场地都能有身临其境的体验。

直播电商打破了现有图文、视频式的电商模式，加强了主播与消费者的实时互动，降低了消费者的出行成本和时间成本，凭借极具诱惑力的价格优势以及主播强有力的带货技能，激发观看用户的消费欲望，缩短了消费者的决策时间。直播电商已成为一种新的带货模式，开始渗透进消费者的日常生活，成为未来商业变现和数字化营销的重要模式。

随着社会消费模式的升级，商品交易从最初的线下实体店购物，发展到电商平台支撑的网购行为，再到现在的主播直播带货。直播电商是随着电商和直播的高速发展而跨越式发展的产物，已成为商家越来越重视的销售模式。直播为电商带来了新的发展机遇，像淘宝、京东、拼多多等电商平台增加直播业务，探索电商内容化，通过直播增加电商平台的流量；而快手、抖音等短视频社交平台则通过增加电商业务，探索内容电商化，为已有的流量实现商业货品变现。直播电商兼具内容电商和社交电商属性。主播一方面以优质内容吸引粉丝，实现流量聚集；另一方面通过与粉丝互动，推荐高性价比商品，实现流量变现。

2020 年 3 月 24 日，广州市商务局发布《广州市直播电商发展行动方案（2020—2022 年）》。方案提道：预计到 2022 年，广州要推出"个十百千万"工程，构建一批直播电商产业集聚区、扶持 10 家具有示范带动作用的头部直播机构、培育 100 家有影响力的 MCN（多频道网络）机构、孵化 1 000 个网红品牌（企业名牌、产地品牌、产品品牌等）、培训 10 000 名带货达人，将广州打造成为全国著名的直播电商之都。可见直播电商不仅是商家、主播的新商业模式，还是政府特别关注和大力扶持的新兴行业。

MCN 机构简介

原有零售渠道"人、货、场"的模式同样适用于直播电商，同时加入和升级了直播电商的特有属性。直播电商包含有直播平台、主播、MCN 结构、用户、商品及供应链等要素，本质上也可以按照人、货、场来划分，它们彼此支撑又相互制约，共同打造多方共赢的良性生态（见图 2-1）。

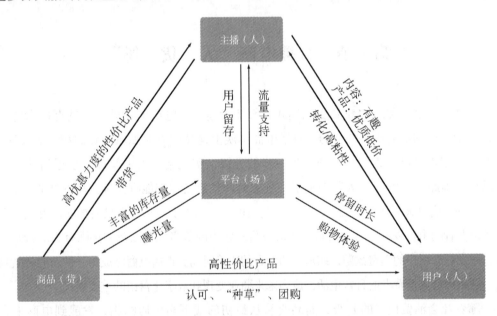

图 2-1　直播电商的"人、货、场"三要素模型

在直播电商产业链生态中，人包含主播、MCN 机构、用户等；货包括商品及其供应链，比如说品牌方、工厂、制造商等；场包括平台，比如以淘宝、京东为代表的电商平台，以及以抖音、快手、QQ 为代表的社交平台。

主播包含商家自播、达人主播等，多数达人主播还会与 MCN 机构合作，完成商品运营工作。品牌方通过丰富的商品库存量在平台展示曝光，也可以通过为主播提供高性价比产品，利用主播的粉丝效应和直播能力，以及有趣的内容和优质低价的产品，为品牌方做品牌宣传和带货，促使消费者被"种草"① 和下单。同时，品牌方还需要考虑第一次大规模曝光和成交之后的后续营销，注意培养自己的主播团队或者跟适合的

---

① 在网络上，"种草"指把一样事物分享、推荐给他人，使其喜欢这样的事物。

主播达成长期合作关系，以保证持续的盈利。

而作为直播电商链条的中流砥柱，平台方负责前端导流、商品展示场景、下单、支付、物流等服务环节。面对强大的市场竞争，平台方需要不断提升平台的易用性，制定规范公平的平台规则，提供人性化的购物体验、直播场景体验、供应链保障，以吸引更多的品牌方、主播及粉丝。

第二节　商品及供应链

一、商品

直播带货的爆发式发展推动了直播平台商品品类日益丰富。直播带货商品主要以优惠力度、限量、限时，甚至全网最低价作为主要卖点，激发粉丝的购物欲望，这样不仅实现品牌宣传和带货的双重效益，还给消费者提供高性价比产品。

目前直播商品涵盖常见的美妆、服饰、珠宝、饰品、食品、家居、电器、数码产品等传统渗透率极高的品类，也包含宠物用品、园艺、教育产品、旅行产品等小众行业商品，同时催生了汽车、房产、飞机、火箭等大宗消费品的变现，直播品类的拓展甚至达到了"万物皆可播"的态势。而如此庞大的商品基数的背后，就是强大供应链的发展和整合。淘宝等电商类直播平台已有商品供应链基础，抖音、快手等社交平台则利用各自的流量吸引更多的商家入驻，同时与第三方电商平台合作，推动着直播平台商品品类的完善。

二、供应链

主播输出内容与粉丝互动，为粉丝提供低价并且优质的商品成为引流、获取粉丝信任的方式。因此商品供应链也是决定直播带货效果的主要因素之一。商品供应链主要包括以下几方面：

（一）现有的成熟品牌商

利用已有的供应链基础，保障直播商品的品质及有效供应，比如兰蔻、全棉时代、海尔、小米等品牌，这类成熟品牌一般采用跟明星或"网红"合作，或者品牌方自播的方式带货。

（二）产业带、货源地、工厂

随着产业带、货源地的规模化兴起，联合产业开启直播带货、创建直播基地逐渐成为主流，这种模式可以极大地降低营销成本、提高运营效率，通过减少中间流通环节，直达消费者需求，助力行业高速发展。目前初具规模的广东服装直播基地，浙江的服装、珠宝、皮革基地，河南的珠宝基地，新疆的玉石基地等，都依托于产业原产地优势，呈现出部分产业集中布局的态势。

（三）商场、市场

商场、市场适用走播形式的直播，使消费者产生身临其境的直观感受。商场、市场走播适合目前比较大众的主播，能帮助主播快速积累粉丝，锻炼直播能力，同时能满足用户多元化的购物需求。

（四）MCN 机构及供应链服务公司

有些主播没有商品供应渠道和优势，可以考虑与 MCN 机构或供应链服务公司合作，利用它们的供应链优势及服务能力，为主播的直播商品提供高性价比的货源保障和后续运营。这种方式适合正在发展期的主播，与 MCN 机构合作，不仅能为直播间提供高性价比的货源，还能为消费者提供优质的服务，帮助主播更快速地成长。

直播电商颠覆了零售企业的传统销售渠道及方式。传统的线下零售产业链条长、中间流通加价环节多、产品性价比低；传统电商平台减少了部分流通环节，但近年流量红利逐步消失，平台收取费用较高，商品性价比优势减小。而直播电商中，主播作为流量聚集中心，获取粉丝成本较低，品牌方直接通过主播触达消费者，既能短时间内达到品牌宣传的目的，又减少了中间环节和渠道成本，能够以更高性价比的产品吸引消费者。

一个传统企业，要完成 10 亿元销售额，可能需要一年时间，至少 1 000 名员工；一个电商企业，要成交 10 亿元销售额，可能需要一年时间，至少 100 名员工；而现在通过直播电商，要成交 10 亿元销售额，可能不到一个月时间，十几人组成的直播团队就可以达到。因此，越来越多品牌方或者产业链基地通过引入"网红"主播或者自建直播基地的方式加入直播电商的行列。

第三节　直播平台

目前直播电商平台主要分布在电商平台和社交平台。电商平台包括淘宝、苏宁、京东、拼多多等，具有供应链、品牌商资源等后端优势，依托其多年的品牌商家积累及对消费者购物习惯的培养，能快速融入直播的带货场景。社交平台包括抖音、快手、微信、QQ、微博等，具有低成本流量、海量主播等前端优势，凭借其强大的粉丝基数，通过接入第三方电商的商品供应链，或利用自有的社交粉丝属性，吸引大批品牌商家入驻，实现快速布局直播带货的商业模式。

本节重点介绍淘宝、抖音、快手、微信四大平台。

一、淘宝直播

2016年作为直播电商元年，除了早期人们熟知的花椒、映客外，淘宝从2016年3月开始布局直播业务。早期以红人明星带货为主，之后直播出现多种模式的创新和尝试，涌现出了更多的素人直播。到2018年"双11"期间薇娅的淘宝直播创造了3.3亿的成交额，直播带货在淘宝内容生态中的占比逐渐升高。

淘宝直播依靠阿里系强大的供应链品牌优势，以及平台健全的运营、信用保障及物流体系，为主播提供实力商家及供应链对接，为品牌方和主播提供专业的直播解决方案、流量扶持及特色活动，帮助商家及主播快速成长。淘宝直播2020年提出的直播人才目标为：打造10万个月收入过万的主播，为中小主播制订成长计划，吸引更多的主播、MCN机构和品牌方入驻，构建起淘宝直播的电商生态，推动平台直播行业的健康发展。

2020年1月13日，淘宝直播机构大会在杭州的阿里巴巴西溪园区举行，淘宝内容电商事业部总经理玄德说："淘宝直播将成为平台重要战略之一。"

二、抖音直播

早期以社交内容为主的抖音平台，培育了很多依靠优质内容输出的网红达人，也吸引了大批粉丝关注，是流量入口的主要聚集地。抖音在2017年11月开通直播功能后，先天的直播流量优势吸引了众多第三方平台的关注，它们纷纷牵手抖音打通直播电商，比如淘宝、京东、唯品会、网易考拉海购等。到2019年，抖音开始孵化自己的抖音小店，开启直播电商自运营。

主播团队在抖音直播带货的流程如下：首先在满足条件的情况下申请抖音号、开通直播功能；其次要做直播必须有商品橱窗功能用于展示商品，而商品来源有两种方式，第一种是抖音自营小店，第二种是第三方精选联盟，根据主播的供应链和规划选择商品来源；最后在发布视频或直播时，将橱窗中的商品放到购物车中展示，供用户点击购买。在用户端，抖音人性化的设计使得用户的娱乐式和沉浸式消费场景变得非常简单，用户的接受度高，推动了抖音直播卖货的快速传播和发展。

抖音作为一个原生的流量平台，容易制造爆款，一段视频就能在短时间内积累大量粉丝，其产品量级高，粉丝基数大。"抖音直播+电商"的营销模式不仅给抖音达人们提供了一种转化率更高的变现渠道，也为广大的抖音用户提供了一种全新的购物体验。

三、快手直播

依靠短视频发展起来的快手，在拥有大量的用户群体后，于2018年6月推出"快手小店"而开始经营电商，同年12月发布"麦田计划"，以"内容+社交"为驱动，打通快手电商和快手其他生态形式，同时推出改版后的快手小店以及全新的电商服务市场。目前已接入淘宝、有赞、京东、拼多多等第三方电商平台，在2019年打造了属于快手自己的"双11"，成功实现在快手平台的营销模式创新。

快手存在独有的"老铁"文化，平台中的主播与粉丝的黏性普遍较强，同时它将市场下沉，聚焦于三四线城市，使得平台的内容生产者和用户基数都非常大，再加上极具特色的"老铁"关系带来平台的高粉丝转化率，使得快手成为目前带货转化率较高的平台。

严峻的市场竞争环境同时也给起源于社交平台的快手提出了更多的挑战，比如要利用好下沉市场打造更多的特色货源，同时打造更多的产业带、工厂等供应链基地，并且要提高平台的电商运营能力，不断优化用户的购物体验以及全链路服务，提升快手直播电商平台的综合竞争优势。

四、微信直播

微信（WeChat）是腾讯公司于2011年1月21日推出的一个为智能终端提供即时通信服务的免费应用程序。

腾讯的直播电商功能开通得相对较晚，但作为私域流量的最大集合地，腾讯未来的商业闭环力量不可小视。自2019年年初开启微信小程序直播的内测，腾讯开启了微信端的电商尝试。2019年12月16日，腾讯"聚势，大有可为"看点直播合作大会在深圳举行，微信正式进入直播电商领域。2020年2月28日，腾讯推出微信小程序直播的方式。

腾讯看点直播简介

微信小程序直播相对于腾讯看点直播，能实现商家线上营销的完美闭环。用户在微信小程序直播中的所有互动及交易行为都在商家自有的小程序内完成，无须跳转到其他小程序或第三方商城，所有数据都在自有平台沉淀，有利于商家的长期运营及发展。同样，微信小程序直播支持直播间订阅分享，可通过朋友圈、公众号、微信群、社群等分享渠道，依靠微信本身私域流量强大的互动性及社交性，确保私域流量的快速变现。

除了以上主要直播平台外，京东、苏宁、微博、网易考拉海购、拼多多、唯品会、小红书等电商或社交平台依托各自的平台特点，纷纷布局直播业务，通过各种方式吸引个性主播，进行达人培养，同时通过多种竞争机制、流量支持等激励促进主播快速成长。

作为直播带货的主要支撑要素，直播平台方除了提供直播支持、店铺运营等基本服务外，还是整个直播带货产业链从品牌方到主播到消费者的衔接者。同时作为主体方，在直播带货突破式增长的大环境下，平台还有一个重要职责，就是要制定相关的直播带货规则，保障直播行业健康发展。

第四节 主播及用户

在直播电商产业链中，人作为直播电商的要素之一，主要包含主播、用户等相关主体。

一、主播

作为直播电商的重要角色，主播连接品牌和消费者，成为新消费场景下的核心角色和流量入口，通过输出专业内容和有趣的实时互动，升级消费者购物体验，使得消费者由主动搜索商品改为接受主播推荐的商品，消费体验得到提升，粉丝经济得以突破式变现。

带货主播是"网红经济"的一种。"网红"的诞生由来已久，微博、微信等社交平台最先孵化网红，之后出现网红变现。进入4G、5G时代后，短视频平台崛起，直播带货网红登上历史舞台，带货金额不断创新高，直播带货新商业模式异军突起。

直播电商的主播呈现多种类型，包含有平台主播、商家自播、特色主播、明星主播、"明星+网红"主播联播，等等。早期直播主要由网红主播带货，行业较为成熟后部分明星开始直播带货，部分商家也加入了带货行列，淘宝平台的商家自播占比较高，主要是品牌方内部人员参与主播。

（一）平台主播

平台主播是指有一定的主播经验，直播的产品品类多集中在某一领域或者全品类覆盖，带货能力较强的人，代表主播有李佳琦、薇娅等。随着直播电商的快速发展，平台主播作为一种新型职业，吸引了很多传统线上线下的商家或个人纷纷变身主播开始带货。

（二）商家自播

商家自播主要是店员或者品牌方内部人员进行直播，他们对产品和品牌比较熟悉，主要靠专业介绍及高性价比产品完成高转化率。商家自播平台以淘宝平台为主，直播频次较高。商家根据自身情况，可以加大对主播技能的培育，将传统的销售场景升级到直播电商。

1. 特色主播

特色主播是指不具有主播经验，但具有某种特定身份，有一定影响力和说服力的人，比如农产品产地县长及企业高管等。据阿里数据显示，2020年3月，全国已有超过100位县（市）长到淘宝直播间为数千款特色农货产品直播带货；同样，很多企业高管也纷纷走进直播间，如林清轩总裁孙来春、携程网联合创始人梁建章等，影响并带动了整个企业对直播电商的重视和推进。

2. 明星主播和明星+网红主播联播

这种模式依赖于明星和网红在各自领域的流量和影响力，能帮助品牌方快速实现品牌宣传和商品变现，带货效果惊人，能在短时间内完成上亿的销售业绩。

在线直播平台的主播在拉动直播消费中起着重要的作用，"主播经济"影响力较大，各直播平台都在构建良好的主播生态和消费情境，以提高用户的留存率及转化率。同时，激烈的行业竞争对主播的能力提出了更高的要求，比如主播的选品能力、议价能力、带货能力、控场能力、专业知识，等等，因此也需要主播更深入地聚焦直播能力的培养。

二、用户

用户处于直播电商链条的下游，也是直播电商变现的基础。在直播带货兴起之前，用户购买产品都是基于需求，在电商平台主动搜索，通过图文形式的展示或者线下导购员的讲解而产生购买行为；直播带货使得用户的消费行为发生了根本性的改变，从主动消费变为被动消费，直播电商提供"边看边买"的陪伴式购物体验，让用户与主播实时互动交流，全方位了解商品，同时通过有趣的直播内容、高性价比的产品等，让用户产生冲动性消费或支持性消费。

有数据显示，"90后"是当前直播电商的消费主力之一，他们追求新事物的意识强、消费观念转变快，同时也是早期"网红"的主要粉丝群体，更早接触直播电商的模式和推动这种消费模式变现，使之产生规模效应。

用户观看直播，并持续产生购买的主要原因大致如下：

（1）直播带货提供便捷的"顺便式"购物体验，通过主播专业的讲解、极强的互动，让用户在观看中产生购买欲望，缩短挑选时间，快速完成购买。

（2）直播带货提供优质的产品和低廉的价格，通过提供多品类、特色化的优质产品，低于市场价的优势。限量限时的促销，大牌定制赠品，促使用户果断下单。

（3）特色主播带来娱乐时光，风趣幽默的主播风格加上多样化的互动方式，能让用户在娱乐、放松的氛围下完成消费。

第五节　流量

互联网时代，要让商品被更多人接受并购买，流量扮演着非常重要的角色，没有流量甚至就意味着没有潜在消费者。所以对平台来说，流量是决定平台能否生存的核心。流量代表用户关注度，流量在哪里，客户就在哪里。

1994年中国正式接入互联网，之后随着科学技术的驱动，从3G、4G到5G，从电脑端到移动端，传输速度显著提高，流量入口发生迁移，经历了如下四个阶段：

第一阶段，即门户网站阶段（20世纪90年代末），门户网站是中国互联网的第一波流量入口。

第二阶段，即搜索、社交平台阶段（21世纪初），以百度、360为代表的搜索引擎崛起，能帮助用户快速获取感兴趣的内容。同时，微博、论坛等社交网站成为流量的新入口，开启了中国网民在电脑端的社交网络生活。

第三阶段，即电商应用程序阶段（2012—2018年），以淘宝、京东、天猫为代表的电子商务平台陆续开发移动端App，使得流量从电脑端迁移至移动端，线上购物迎来发展新机遇，之后各种App兴起，参与分流。

第四阶段，即直播、短视频阶段（2018年至今），短视频、直播App成为人们社交的主要平台，吸引了一大批各种年龄段的用户加入，成为新的流量池。基于这些社交平台巨量的用户，品牌商纷纷斥资投放广告，帮助品牌宣传。

像淘宝、抖音、百度、微博等网络平台，可以源源不断地获取用户，是当前主要的流量池。流量根据属性不同，可分为公域流量和私域流量。

公域流量指各大流量平台上的公共流量，属于共享流量，而不属于任何企业、商家或个人。公域流量范围很广，比如百度、微博、抖音、小红书以及美团、大众点评等服务性平台上的流量，都属于公域流量。

私域流量指企业、商家或个人可以反复利用、无须付费的流量，通常指沉淀在公众号、微信群、微信好友、QQ好友、社交平台、社群里的用户。相对于公域流量，私域流量的转化率高、黏性高、回购率高，可重复利用，是企业或个人的私有资产。

互联网时代的流量要素包含用户数量、活跃用户数、用户访问频率等。近年来，随着各种平台企业的兴起，流量变得非常珍贵，一切商业活动都围绕流量展开。广告、打赏、知识付费、直播带货等的流量变现方式也日趋多样。在公域流量增速放缓的背景下，获客成本快速上升，品牌方须聚焦消费者运营，加速从公域流量向私域流量的转化。而直播带货的流量，核心是主播的供给与用户需求的匹配以及商家的品牌效应。目前各大平台统计数据显示，用户停留单场直播的时长仍相对较短，而时长优势是内容电商化的关键，因此持续优质的内容输出是提升粉丝活跃度、吸引用户留存的根本。

第三章

直播电商模式

第一节 直播电商模式概述

一、直播电商模式的概念

一般而言，模式是一种实现目标的行为方式或者机制，而商业模式就是实现商业目标的行为方式或者结构机制，它往往是商业目标追求者得以实现发展目标的手段和内在支持。在商业领域，一旦创业者发现机会，产生创意，仍然需要有效的行为方式或者运行机制保障机会获取，并在不断地调整中，最终演变为能够实现商业目标的商业模式。当然，在具体的运作中，商业模式是一种包含了一系列要素及其关系的概念性工具，它能够阐明某个特定实体的商业逻辑。它往往能够描述公司所能为客户提供的价值以及公司的内部结构、合作伙伴网络和关系资本等用以实现（创造、推销和交付）这一价值并产生可持续盈利收入的行为方式。

查阅文献中使用的"商业模式"这一名词的时候，可以看到两种不同的含义：一种是简单地用它来指公司如何从事商业的具体方法和途径，另一种则更强调模型方面的意义。这两者实质上有所不同但也不矛盾：前者泛指一个公司从事商业的方式，而后者指的是这种方式的概念化。后一观点的支持者们提出了一些由要素及其之间关系构成的参考模型，用以描述公司的商业模式。

本书对"商业模式"的界定是：一个商业参与主体实现商业目标、满足目标客户需求的系统。这个系统整合和驱动了商业标的（产品或服务）价值链中的各种资源（资金、原材料、人力资源、作业方式、销售方式、信息、品牌和知识产权、企业所处的环境、创新力，又称"输入变量"），具有自有的行为方式，能够提供消费者无法自力而必须购买的产品和服务（输出变量）。

一般而言，商业模式往往由很多要素成分构成，并遵循自己特有的行动方式，这些要素如表 3-1 所示。

表 3-1 商业模式构成要素

要素	核心内容
价值主张	即公司通过其产品和服务所能向消费者提供的价值。价值主张确认了公司对消费者的实用意义
消费者目标群体	即公司所瞄准的消费者群体。这些群体具有某些共性，从而使公司能够（针对这些共性）创造价值。定义消费者群体的过程也被称为市场划分
分销渠道	即公司用来接触消费者的各种途径。这里阐述了公司如何开拓市场，它涉及公司的市场和分销策略
客户关系	即公司同其消费者群体之间所建立的联系。我们所说的客户关系管理即与此相关
价值配置	即资源和活动的配置
核心能力	即公司执行其商业模式所需的能力和资格
价值链	即公司为了向客户提供产品和服务的价值，相互之间具有关联性的支持性活动
成本结构	即所使用的工具和方法的货币描述
收入模型	即公司通过各种收入流来创造财富的途径
裂变模式	即 BNC 模式，公司商业模式转变的方式、转变的方向

作为一种新兴的商业模式，直播电商的商业模式构成要素如表 3-2 所示。

表 3-2 直播电商的商业模式构成要素

要素	核心内容
价值主张	直播电商的参与主体所要面对的需求具有很广的范围，通过生动、形象、具体的互动沟通，主播能够向消费者传递丰富的商品信息，能够动态、灵活地为目标客户解答在商品消费中面临的多个问题和痛点
目标市场	直播电商是互动式的服务方式，其目标市场是所有关注直播的客户群，并向他们传递相关产品的各种信息、解答消费中的各种疑问
销售模式	由于直播电商的特性，主播、平台能够为商品（服务）与消费者之间带来直接的碰撞和对接，销售和营销环节在这种模式中得到了极大的优化
分销渠道	直播电商所承担的销售都在网上完成，具有极大的感染力和宣传效应
竞争（核心能力）	直播电商的竞争来源于行业中的同业者，不仅仅是环节点的竞争，同时也是体系的竞争，由于存在严重的同质性，竞争极为激烈
生产	直播电商是价值链的末端，相关商品的生产由价值链的前端环节完成，处于相对独立的状态，由于激烈的竞争，这个环节要素也在不断优化
收入模型	直播电商的盈利主要来源于合作中的利益分享和分配，比如返点或者提成等
市场	直播电商的市场最大可以覆盖整个社会，从目前的发展来看，还具有很大的发展空间和范围

二、直播电商模式的特点

直播电商属于新生事物，具有自身的特点，有别于传统的商业模式。

（一）直播电商中的激励机制——共建共享

直播电商的激励来自分成，但直播需要专业和流量来实现基本的生存，网络经济成长由于前无来者而诠释了一种全新的成长范式，其中的关键就是销售的盈利分成。平台利用自身的流量，通过生态培育，与主播携手作战并合理分成，成为直播电商有效的成长与激励机制。比如淘宝对直播电商业务以扶持为主，对参与直播的商家给予推广营销、培训、达人对接及服务商等支持。在盈利模式上，淘宝会对商家的成交金额进行分成。

（二）直播电商中的三要素：人、货、场

对于相同的物品如何实现高效率的差异化运营，直播电商可以给出让人惊诧的答案。有别于传统商业，电商在本身的发展中梳理出了属于自身的核心要素：人、货、场。三个重要资源领域，都在向着精细化、个性化、柔性供应链的方向发展进化（如图3-1所示）。

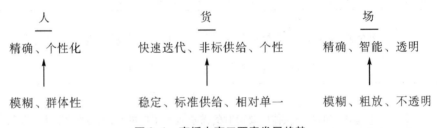

图 3-1　直播电商三要素发展趋势

1. 人

直播电商中，主播是流量中心，他们输出专业内容，升级用户购物体验。这种模式下的消费者由主动搜索商品改为接受主播推荐选品，信息获取更为快捷、方便，也更加集中和具有针对性，消费体验得到提升，使粉丝经济得以变现。

作为能动因素，主播能够连接品牌与消费者，成为新消费场景下的核心角色和流量入口。一般而言，推到台前的主播通常具有某些优势（如外表、口才、技能等），在吸引粉丝关注后，结合优秀的销售能力（如选品、推荐商品等）完成变现，将积累的粉丝转变为有购买潜力的消费者，充分展现能动因素的催化作用和主动作用。

不过，就目前的发展来看，主播行业二八分化明显，顶级带货主播较为稀缺，部分头部品牌商不仅与外部主播合作，同时也很注意内部直播形式的培育和优化，比如选择在自有淘宝旗舰店直播，提高店铺粉丝的活跃度及品牌黏性，转化私域流量，让

内部员工作主播来讲解、推荐产品。

目前的带货是"网红经济"的升级版，当原来的"网红"将粉丝的注意力引入消费领域，新的商业模式就从原来的娱乐模式脱颖而出，并在平台的扶持下获得了更为快速的发展。不难发现，在微博、微信、快手、抖音等主流社交平台出现后，网红都致力于将之转变为变现渠道，"网红经济"开始成为一种新的商业载体。

目前头部带货主播在市场上已占据优势地位，先发优势明显，经过有效耕耘，格局已经形成，逐渐固化。未来头部主播的培育难度较大，薇娅、李佳琦等享受了行业早期发展红利，使得新头部主播的成长空间在一定程度上被压缩了。

2. 货

与其他商业场景和销售模式相比，直播以商品高性价比、限定时间和限量为主要卖点，引起粉丝购物的冲动，同时提高信息聚焦性与针对性，提升商业效率。

在达到相对平稳的关注度后，直播平台近年也在挖掘粉丝潜力，扩展商品范围，使商品品类日益丰富，线上渗透率提升。就目前而言，直播电商产品丰富程度高，覆盖面大，涵盖领域从美妆、服饰、食品、家居、数码、家电甚至到了汽车、房屋等品类，加速各品类线上渗透率提升。根据淘榜单发布的《2020年商家直播白皮书》，2019年12月开播商家数量、日均开播场次、淘宝直播成交金额渗透率同比增长近1倍，直播带动商家GMV（网站成交额）增速高于大盘平均水平。

直播商品的最大优势即低价，其次是信息的高效。直播带货商品以低价、高性价比为主要卖点，除输出内容、与粉丝互动以外，主播为粉丝提供全网低价商品，成为引流、获取粉丝信任的方式。

3. 场

与传统电商相比，直播电商的空间具有直观性、互动性，场景聚集效应强，营销效果明显，与线下渠道相比，直播电商渠道费用低，运营成本低，且不受时间、地域限制，消费体验更好。

直播电商分达人直播、商家自播。直播电商场景分为：商家自播（淘宝等电商平台）和达人直播（淘宝、快手、抖音等平台）。直播电商场景对比如表3-3所示。

表3-3　直播电商场景对比

直播电商场景	电商平台	优势
商家自播	淘宝等	商家自播依托自有品牌，将店铺私域流量转化，用户多为品牌粉丝
达人直播	淘宝、快手、抖音等	达人主播依托自有粉丝，内容生产能力强，直播品牌丰富，粉丝对主播信任度高

资料来源：2019年淘宝直播商家大会资料。

（三）直播电商 MCN 集中度高，马太效应明显

直播电商与传统电商的区别在于更为丰富的内容生产、输出、变现，平台通常承担吸引流量、制定规则、促成交易等职责，不直接输出内容，内容生产主要由主播及相应的 MCN 机构负责。

MCN 全称为 Multi-Channel Network，即多频道网络，主要依托电商、社交、视频等平台，整合内容创作者资源（如"网红""UP 主""大 V"等），持续进行内容生产、输出并实现商业变现。MCN 早期以微博、微信平台图文内容运营为核心，短视频、淘宝直播出现后新 MCN 不断涌现，以视频为内容媒介。直播电商 MCN 机构运营架构如图 3-2 所示。

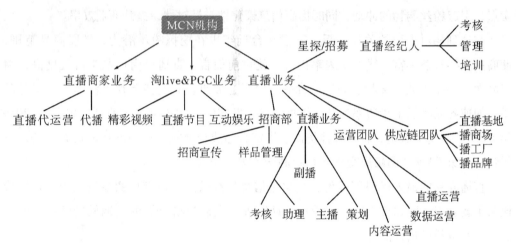

图 3-2 直播电商 MCN 机构运营架构

资料来源：播布斯。

由于主播头部效应明显，粉丝数、带货金额显著较高，对上游品牌商议价能力强，反过来又能拿到更好、更低价的货源以吸引、维护粉丝，实现正向循环。因此 MCN 机构行业格局尽管分散，但未来集中度有望快速提升，拥有头部主播、批量主播孵化能力的机构将抢占更多品牌商、粉丝资源，体量扩大后对主播、平台、品牌的话语权也将提升。

淘宝直播发展时间相对较长，头部 MCN 机构初露头角，谦寻文化、美腕、构美、纳斯等培育出的头部主播的粉丝数、主播影响力以及相关商业价值、直播价值等均处于较高水平。淘宝头部 MCN 机构商业价值排名如表 3-4 所示。

表 3-4 淘宝头部 MCN 机构商业价值排名（2019 年 11 月）

机构	机构指数分	商业价值分	主播影响力	主播孵化能力	粉丝总数/万
谦寻文化	909	954	1 000	921	3 848.9
美腕	845	937	1 000	211	1 566.4
蚊子会	818	933	305	500	1 015.1
本新文化	751	828	347	556	321.5
明睿传媒	755	859	155	515	382.4
构美	794	939	202	318	2 518.6
集淘	761	899	240	369	1 305.1
纳斯	770	906	251	352	1 537.9
阿卡丽	744	867	419	180	371.4
秀猪	712	837	190	208	579.7

资料来源：淘榜单。

MCN 机构的具体业务主要为网红签约、孵化、社区运营、内容创作、内容分发、平台对接等。对于直播电商来说，MCN 机构主要从事网红与品牌撮合、网红孵化、供应链管理、电商代运营等业务，涉及范围较之前更广，商业模式更为多元化，收入空间更大。目前直播平台头部主播多以 MCN 公司形式运作，签约孵化更多"网红"，如李佳琦、薇娅，由个人向机构化转型。

MCN 机构的主要竞争要素是优质品牌和供应链保障能力。直播 MCN 机构主要通过电商变现，优质货品是维持用户忠诚度、保障主播持续带货的重要资源。MCN 直接连接品牌商与主播（粉丝），规模化、去中间化而降低渠道费用，背后需要优质供应链团队寻找能够快速反应、满足粉丝痛点、具有性价比优势的商品，例如薇娅筹建超级供应链提供货源、李佳琦拥有百人选品谈判团队。

三、直播电商模式分类

从目前直播电商的发展来看，其发展同时具备内容电商与社交电商属性的特点。传统电商行业近期出现了增速减慢、拉新成本增加的趋势，渗透率降低。相比传统电商行业，社交电商与内容电商兴起。如以拼多多、微商为代表的社交电商，借助社交关系形成规模优势，降低营销成本；以文字、直播、视频等表现形式与电商结合的内容电商，其内容价值能够吸引流量并促进销售。

直播电商生态中，上游主要为品牌商、工厂或产业基地，中游主要为主播、MCN机构，下游为消费者。以淘宝为代表的电商平台发展较为成熟，上游以品牌商为主，中游以商家自播为主（主要为店铺导购等内部人员直播带货）、达人主播（多与 MCN

机构合作从而通过 MCN 机构对接品牌商，少数直接对接品牌商并参与销售分成）为辅。MCN 机构为主播提供内容输出、网红孵化、推广营销、供应链/品牌管理等服务，并与网红分成。

自从淘宝在 2014 年封杀社区导购，让蘑菇街本来以纯内容为主的社区导购平台开始自建供应链（尤其是服装和美妆供应链）以来，直播电商让消费社区的人货场生态变得更加和谐，其模式发展也开始初露端倪。

（一）平台视角下的不同模式

从直播电商生态发展史看来，主要参与者各具特色，依赖于平台及自身特点形成了不同的聚集效应。从主播角度特点来看，无论社区、短视频还是直播电商红人属性都是一个近乎决定性的市场指标，消费者希望跟随意见领袖们共同变美、变帅，这是内容社区产生消费产能的核心动力。形成流量的关键性因素是平台，因为历史发展历程不同，不同的平台形成不同的平台印象，吸引不同特征的消费者，其流量的凝聚力不同，也就是平台流量属性不同。

一般来讲，虽然各直播平台都是为用户提供边看边买的购物环境，但不同的平台属性让现有的各大直播电商各有侧重，也形成了不同的直播电商模式。

1. 传统货架电商

淘宝、京东、拼多多三大电商平台本来就是以商品销售为目的的货架式电商，有供应链、品牌商资源等替代优势，用户也基本上都是冲着购物来的（或者带着购物欲望），核心驱动力是货品，直播作为一种内容工具补充电商生态，价值在于提高转化率，进一步释放存量用户的购买力。

2019 年，淘宝直播中来自商家和达人直播的交易额占比大概为 3：7。三大电商平台中直播最成熟的是淘宝直播，其马太效应非常明显，新主播和中腰部主播想成长极其困难，大部分店铺直播流量堪忧的现状可能会长期存在。

淘宝直播并没有跳脱出阿里平台营销卖流量的逻辑，李佳琦、薇娅等头部主播能够在短时间内给商品带来大量曝光量和成交量，但直播的互动性有限，而且邀请头部主播的成本非常高。现在淘宝直播不断从外部吸纳自带流量的明星开播，这其实跟之前从外部购买流量没有本质区别。

淘宝直播的特色特别适合大、小品牌商家去做尝试，因为相对直通车等以交易量为主流量的采购方式，直播电商本质上具有品牌属性，薇娅和李佳琦不止一次带动所播品牌。然而，品牌传播效应目前只在头部主播显现，对于一般品牌而言，昂贵的坑位费是企业的成本负担。

2. 泛娱乐内容平台

快手、抖音两个社交娱乐平台，有流量、海量主播等前端优势，用电商来增加平台流量变现效率。还两个平台虽然用户娱乐目的性强，以冲动消费为主，但胜在基数规模大，所以电商规模增长迅速。

快手从 2017 年便开始布局直播，也很快上线了电商功能，但初衷是为了给主播提供变现手段。秀场主播主要靠打赏变现，但粉丝"用爱发电"不可行，用实物商品代替打赏提供了更多变现空间，快手逐渐吸纳了很多秀场主播入驻。

抖音媒体属性强，以"内容"为核心，用户和平台调性非常适合服饰、美妆品牌的营销广告投放，整体适合容易产生冲动消费的"新奇特"商品。在抖音平台容易形成粉丝黏性，所以带货主力是能够持续生产优质内容的"网红"或自带流量的明星，大部分"网红"在抖音并不会刻意经营粉丝。

内容平台直播化的主要问题是供应链问题。解决商品供应链问题是一件极其专业的工作，与供应链的议价能力取决于平台销量，这是一个类似"鸡"与"蛋"的问题，更好的销量带来更好的货品，但是供应链能力的形成需要时间。快手和京东自营的合作，是解决该类问题的一次尝试，也将大大促进快手供应链体系的完善。

3. 消费社区

典型的消费社区是小红书和蘑菇街，最初都是做消费内容社区，本身有大量的红人生产内容，兼具电商平台和娱乐社区的优势，但电商体量都比较小。如果定义前面的平台为大而全的购物中心，消费社区则更像是女性的精品店。

不过同样为消费社区，小红书和蘑菇街的路径是截然不同的。小红书作为生活方式分享社区，主要以内容驱动，有比较年轻的用户群体，在向泛娱乐的内容进军后，流量有了明显的提升，平台调性也比较高，是品牌投放的必选平台之一。但用户对小红书的认知是评价和种草，红人直接带货会失去内容的中立性，这也是小红书自建电商失败、商业化变现比较困难的原因。

（二）主播视角下的不同模式

从主播主体的不同，"直播+电商"的模式也在不断发展演变，出现了多种直播带货模式。

（1）限时秒杀模式。像李佳琦的直播就类似一种限时秒杀，主播和品牌方合作，为品牌商带来销量的同时为粉丝谋取福利，这种专属秒杀效果确实很不错，尤其是在"双 11""618"等大促活动期间。

（2）直播间出品模式。这个模式操作难度较高，但是薇娅就正在走向这样的模式。薇娅除了和李佳琦一样会开展限时秒杀之外，还会带货自己出品的产品。这也是一部分"网红"所选择的方式。

（3）店铺直播模式。在淘宝直播板块中，还有一种模式是商家直接在店铺开展直播。由于难度较大，尽管参与店铺直播的商家越来越多，但是目前并未有突出的商家。

不过在"双11"期间，一些品牌的总裁直接进入直播间带货，反响较好，让店铺直播有了更多可能。

（4）明星直播模式。这是在直播带货方式中一种较为新型的方式，明星直接走入直播间成为主播，利用明星自带的流量为品牌商带来销量，同时明星的"站台"也能为品牌商建立良好的形象。

（5）村播直播模式。这主要是针对农特产品展开的直播带货方式，主播基本上为普通农民或者是乡镇政府的领导代表等，目的就是销售农特产品。这个模式在下沉市场尤其火爆。

（三）生态视角下的不同模式

目前发展更为全面的是生态视角下的直播电商，其发展更具系统性，竞争力更强，生存能力也更加持久。

从生态视角看，目前的直播电商可分为三种模式：以直播为主打的内容电商平台模式（平台原生式）、电商平台直接镶嵌直播的模式（平台嵌入式）、直播平台通过商品链接与电商平台协同模式（平台协同式）。我们将在随后的详细分析中，剖析它们的特点。

第二节　直播电商的三种主要模式

一、以直播为主打的内容电商平台模式（平台原生式）

以直播为主打的内容电商平台，目前数量已经非常少了，但是，这种模式被认为是最为贴近直播核心的"直播+电商"的营销模式。这是一种电商直播平台开发的模式，在平台上以直播为核心搭建逻辑框架，开门见山、直奔主题，让直播带有明显的营销色彩。观众在观看直播内容的时候，心理预期较为充分，打开的同时就已经有了会看广告的心理准备，并有着合理的消费信息期望，因此这种模式在内容方面只要符合相应的产品推广价值，就能够有效地推动市场营销，不会让观众产生太强的排斥心理。并且，这种模式中，直播环节与电商互补，打造出一个直播与电商互利共生的平台，使直播与电商处于相同的位置。因此，这种模式的出发点就很明确，运作思路也清晰，与传统电商平台镶嵌直播功能有着较大的区别，与基于直播的电商平台也不具可比性，它们的主从关系决定运作最后的结果。目前来看，"直播+电商"模式是一种共生体系发展思维框架下的商业模式，是未来电商利用直播的重要途径，也是未来电商的发展趋势之一。

以直播为主打的内容电商代表主要有波罗蜜、小红唇等，商业目标明确。小红唇是针对国内年轻女孩的美妆直播电商平台，通过"网红"在小红唇上进行直播，以分享方式传递护肤、化妆的知识，为观众提供消费参考，有消费需求的客户可以在小红唇上看到自己想要的美妆内容，并且可以在站内进行直接购买。这种方式使流量的变现渠道更加广泛，强化了直播营销可执行的内容。

二、电商平台直接镶嵌直播的模式（平台嵌入式）

这一种是电商平台直接镶嵌直播功能的发展模式，即在电商平台中，有选择性地通过嵌入直播环节改善目标产品或者市场的运营状况，实现运营目标。电商平台镶嵌直播功能模式一开始主要是利用电商平台的流量带动直播流量，等直播平台拥有充足的固定流量之后，再利用直播流量反哺电商。采用这种模式的电商，多数偏向于利用"网红"、明星等推广一些性价比高、价格能够被大多数消费者接受的大众消费品，在短时间内达到促销的目的。直播营销的效果如果足够好，甚至可以让一些"平价"商品脱销。

这种方式将会以平台的基本框架为基础，跟随平台的发展目标和规划，受到平台具体状况约束。由于存在一定的刺激效应，能在短时间内达到"促销效果"的"直播+电商"模式，往往会被大多数喜欢网购、尝新、寻找性价比的年轻人接受。这种模式由于带有较强的营销色彩和引导性目标，往往也能让这些消费者在观看直播的时候下意识地接受商品，并产生购买的想法，短期效果较为显著，所以，它是目前大多数电商平台开发最喜欢用的模式。不过，长期来看，由于刺激泛化等消费者行为特征和竞争对手跟进压力存在，在短期上涨后，采用该模式的平台将会面对快速回落压力，需要不断地推出新的销售亮点，往往压力较大，长期运营的效果不稳定。

目前，许多电商界顶级企业都在应用这种方式，以改善平台的整体运营效率。比如，淘宝、京东等都嵌入了直播环节。这些都是电商在自己的平台中镶嵌了相应的直播功能，相当于把直播变成电商的"附属品"。

三、直播平台通过商品链接与电商平台协同模式（平台协同式）

目前这种模式的运用相对有限，主要集中在一些消费集中度较高的市场。比如一些专业的游戏直播平台采用热点配套营销方式，在直播室中挂上游戏币、游戏点卡的购买链接，以直播促进这种互补性的消费。但是在相应的直播结束后，热点消失，消费空间快速压缩，链接也会马上被撤下，并不会长期被摆放。从保持用户黏性的角度来看，直播平台有选择性地摆放电商链接事出有因，虽然"直播+电商"的模式可以带来更多的利益，但是现在大部分专业直播平台的利益来源还是以吸引粉丝为主播打赏为主，而消费度较为集中的市场，特别是聚焦程度较高的市场，消费者的关注度时长有限，一旦焦点分散，将会直接降低消费者的消费体验。也就是说，如果直播平台过多地挂上电商链接和展开销量运营，短期虽然可以增加商品销售，长期来看却会影响粉丝对直播的体验，造成平台的流量损失。因此，这种模式下的直播很考验直播场景的尺度把控：时间太短不能实现有效利用，时间太长则会产生负面影响，恰到好处的处理需要有效综合消费者心理学、消费者行为学、消费经济学等多方面来考量。

目前，在这种模式之下，营销的主动权掌握在直播平台的手中，对现在已经聚集了大量直播观众流量的大型直播平台来说，选择这种模式可能会造成得不偿失的后果。考虑到这种后果的破坏性，很多平台在使用这种方式时都很谨慎，以避免不必要的损失。

当下市场竞争激烈，在电商流量获取成本居高不下的情况下，直播作为一种自带快速引流特性的媒介，打开了成长的另一扇大门。利用红人以及新鲜有趣的直播网站内容，可以帮助平台低成本获取更多高质量流量，或者改善既有流量的质量。直播的优势也给电商带来了一种动态并且能实时互动的形式，无论是哪种模式的直播电商，都可以更直观、全面、真实地传递信息，帮助用户更好地了解商品。此外，直播将消费者临时聚集在一起，并且构建了一个商家与买家高频及强交互的场景，群体效应能让直播比图文更刺激消费者购买。总体而言，网络经济的核心在于流量，对于直播电商及相应平台而言，流量即意味着消费的可能。

第二部分
直播电商的
战略与组织

第四章

直播电商定位及运营

第一节　直播电商定位

一、定位理论

定位（positioning）这个概念最初是由艾尔·里斯和杰克·特劳特于 1969 年在美国《产业营销》杂志上发表的《定位是人们在今日模仿主义市场所玩的竞赛》的论文中首次提出的。1972 年，他们在美国《广告时代》杂志上发表"定位时代"的系列文章引起了轰动。菲利普·科特勒在总结当代营销基本理论的发展时，将定位理论列为 20 世纪 70 年代最为重要的营销概念。

定位最初的含义指的是"设计公司的产品和形象以在目标市场的心智中占据一个独特位置的行动"。显然，定位最初的应用场景主要是在新产品研发、VI（视觉）设计和广告传播领域。随着定位理论在市场营销领域的广泛应用，其含义也在逐步拓宽。当前的"市场定位"已经成为营销理论当中的重要组成部分，"市场定位"的含义已不仅局限于产品研发、广告或是品牌形象策略方面，"市场定位"的理念已延伸到"企业、竞争和消费者的定位"等多个层面。聚焦到直播电商这一具体行业，运营团队需要制定的定位战略主要集中于品牌定位领域。因此，本章将对品牌定位进行详细介绍。

品牌定位是指企业在市场调研和市场细分的基础上，努力寻找和发现自身品牌的独特个性（优势），将此优势与目标消费者心智中的空白点相对应，从而确定品牌商品在目标消费者心目中的独特位置，并借助整合营销传播手段，在目标消费者心目中建立起强有力的品牌联想和品牌独特印象的策略性行为。简而言之，品牌定位就是在消费者脑海中占有一个独特的位置，这个位置是关于"这个品牌是做什么的"以及"这个品牌有什么特点"。

当直播电商团队没有实行定位战略时，消费者看到团队中的主播或者团队运营的账号后脑海中浮现的仅仅为"这是一个主播"或者"这是一个搞直播的电商"的信息。因为此时，消费者群体的脑海中并没有关于这个团队和主播的特定位置的信息。对于一个定位成功的团队或主播而言，消费者脑海中的印象应该如"这是国内数一数二的做奢侈品直播的主播，她卖的商品收藏价值都很高"。从上面这个案例我们可以看出，成功的定位包括"你是做什么的"（直播卖奢侈品）、"你有什么特色"（选品收藏价值高）、"你做得怎么样"（数一数二）。拥有成功的定位后，当消费者有类似需求时，主播或者团队会自动进入消费者的备选项中。

二、定位战略

定位战略的实施主要分为以下五个步骤：对市场进行细分、选择目标市场、确定可能的差异价值和竞争优势、选择整体的定位战略与制定定位陈述、传播定位。接下来，我们将对这五个步骤进行详细介绍。

（一）对市场进行细分

定位战略的第一步是对市场进行细分，因为许多公司已经意识到自己无法吸引市场中所有的买者，或者至少不能以相同的方式吸引所有人。购买者数量众多且分布广泛，他们的需求和购买行为有很大差异。而且，公司自身在不同细分市场中的服务能力也很不相同。美国市场学家温德尔·史密斯（Wendell R. Smith）于20世纪50年代中期提出了市场细分（market segmentation）的概念。市场细分是指营销者通过市场调研，依据消费者的需要和欲望、购买行为和购买习惯等方面的差异，把某一产品的市场整体划分为若干消费者群的市场分类过程。每一个消费者群就是一个细分市场，每一个细分市场都是具有类似需求倾向的消费者构成的群体。

目前，消费者市场细分的常见变量如表4-1所示，包括地理、人口、心理、行为和利益五大类。

表4-1 消费者市场细分常见变量

变量	详细内容
地理	地理位置、城镇大小、地形、地貌、气候、交通状况、人口密集度
人口	年龄、性别、职业、收入、民族、宗教、受教育程度、家庭人口、家庭生命周期
心理	生活方式、性格、购买动机、态度
行为	购买时间、购买数量、购买频率、购买习惯（品牌忠诚度），对服务、价格、渠道、广告的敏感程度
利益	追求的具体利益，产品带来的益处，如质量、价格、品位

对于直播电商而言，市场细分同样重要。或许有的运营团队认为，自己不需要对市场进行细分，因为直播间像百货公司一样销售的是全品类。但事实上哪怕是百货公司也在通过自己的选址和装修对消费者进行细分。任何运营团队一旦开始选择直播的平台、直播的时间、主播的风格，就已经无形中开始对消费者进行细分。例如选择工作日上午直播的团队就已经将上班族用户排除在了目标群体之外。既然市场细分是无法避免的，那么运营团队应该尽可能地做到科学地细分市场，选择一个或多个重要的变量对消费者进行划分。区分得越详细，越有利于后续的定位。

（二）选择目标市场

完成市场细分后，呈现在运营团队眼前的应该是若干个子市场。定位战略的第二步则是在这若干子市场中选出一个或者两个子市场作为将要进军的目标市场。这一步骤的关键在于如何评估每个子市场。一般来说，团队必须考虑三类因素：细分市场的规模和增长潜力、细分市场的结构吸引力，以及团队的目标和资源。团队应当首先搜集和分析各个细分市场的资料，包括细分市场当前的销售量、增长速度和预期的盈利等。

理想的目标市场应该具有"恰当的规模和增长潜力"和"恰当的结构吸引力"。所谓"恰当的规模和增长潜力"和"恰当的结构吸引力"是相对而言的。规模最大、增长速度最快的细分市场并非对所有团队都有吸引力。小团队可能由于缺乏为规模较大的大细分市场提供服务所需要的技能和资源，或者这些细分市场竞争过于激烈，而选择绝对规模较小的细分市场。这些市场在大团队看来也许吸引力不大，但是对小团队而言具备盈利潜力。公司还需要考察影响细分市场长期吸引力的结构性因素。例如，一个细分市场如果已经包含了很多强大而激进的竞争者，吸引力就不大。如果细分市场存在许多现有或潜在的替代产品，价格和盈利会受到影响。购买者能力也会影响细分市场的吸引力。相对于卖者，购买者具有很强讨价还价能力的话，就会试图压低价格，提出更苛刻的服务和质量要求，甚至引起卖者之间相互竞争。这些都会减少卖方的盈利。最后，存在能够左右价格、质量和供应量的强大供应商的细分市场吸引力也不大。

流量数据有助于目标市场的选择，从图4-1能够看出部分行业的市场规模和增长潜力。

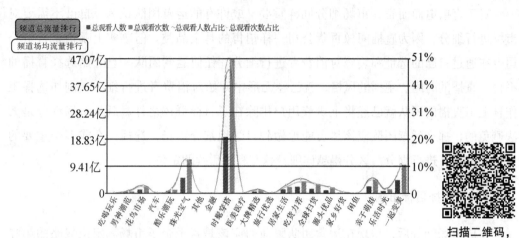

图 4-1 直播行业中各行业的总流量表
（数据来源于灰豚数据）

扫描二维码，
查看彩色大图

从图 4-2 与图 4-3 可以看出各个行业的市场结构。例如图 4-2 中的各个类型的主播数量以及图 4-3 中头部主播所占行业总流量比例能够体现出该行业的竞争激烈程度。例如在时髦穿搭频道，主播数量最多，且数量占比不到百分之十的头部主播和腰部主播占据了百分之七十以上的流量。可见这个行业的竞争非常激烈，且市场份额瓜分格局基本定型，初生团队难以闯出一片天地。

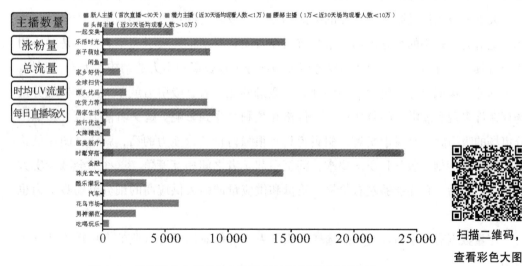

扫描二维码，
查看彩色大图

图 4-2 直播行业中各行业主播数量及不同类型主播占比
（数据来源于灰豚数据）

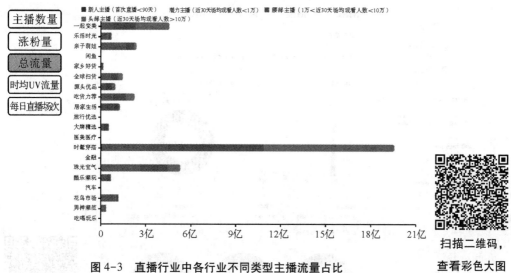

图4-3 直播行业中各行业不同类型主播流量占比

（数据来源于灰豚数据）

扫描二维码，
查看彩色大图

　　由此我们可以看出，选择目标市场时，三个指标应综合考虑。举例来说，轻熟女的细分市场具有很强的购买能力和直播购物倾向，且定位于该市场的直播电商不多、竞争不激烈，但是团队很难拿到轻熟女市场青睐的中高端品牌合作资源，那么这个细分市场就不是一个理想的目标市场。值得一提的是，上文的示例只是对行业进行了划分，并不是严格意义上的"细分市场"，细分市场是对消费者群体的划分。当我们分析各个直播团队的粉丝画像时，能够清晰地感受到各个成功运营的团队在目标市场选择上的"端倪"。例如图4-4所示的直播团队目标市场为"95后"一、二线城市女性，图4-5所示的直播团队的目标市场则可能是"85后"。

图4-4 直播团队粉丝画像示例（一）

（数据来源于直播眼）

扫描二维码，
查看彩色大图

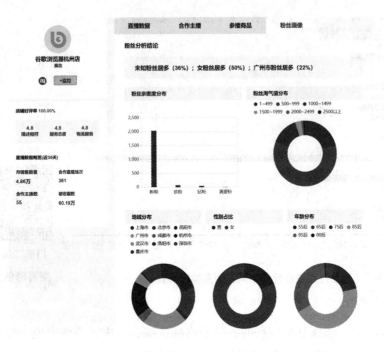

图 4-5　直播团队粉丝画像示例（二）

（数据来源于直播眼）

（三）确定可能的差异价值和竞争优势

确定目标市场后，定位战略的第三步需要分析团队有哪些竞争优势能够为消费者提供差异价值，实现差异化定位。这一步主要由三部分组成：竞争对手分析、消费者分析、SWOT 分析。

1. 竞争对手分析

竞争对手分析是指对目标细分市场内其他主播或账号进行分析。例如某运营团队选择的目标市场是一、二线城市的孕期女性，那么团队最好是对各种类型针对该群体的主播和账号进行分析。除了通过营销情报对竞争者的流量数据、粉丝画像、商品数据、销售效果等数据进行分析的常规操作以外，还能够通过多维尺度分析对竞争对手的市场定位，以及对应分析竞争者的形象。图 4-6 为使用"多维尺度法"对汽车行业中十个随机品牌进行定位分析后所绘制的定位地图。其中维数 1 表示品牌的实惠程度，维数 2 表示品牌的时尚程度，通过图 4-7 所示的感知地图能够形象地展现出这些汽车品牌的市场定位——它们在消费者心中的独特位置。

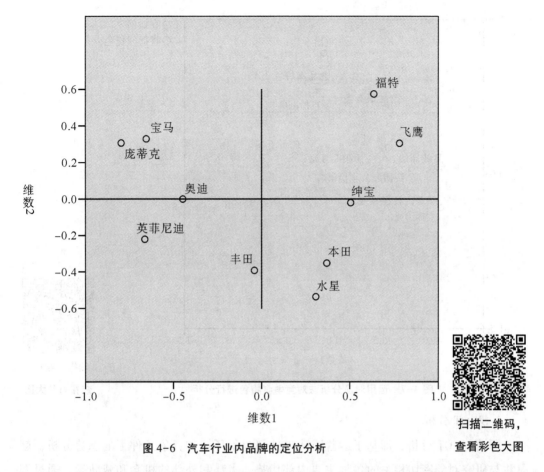

图 4-6　汽车行业内品牌的定位分析

图 4-7 是通过对应分析法对随机抽取的三个互为竞争对手的直播间的形象进行分析。该结果能够清晰地呈现出竞争对手的形象特点，方便直播电商运营团队有针对性地设计不同于竞争者的风格。

2. 消费者分析

差异价值和竞争优势是成功定位的基础，而差异价值和竞争优势都是相对于目标市场（目标消费者）而言的。例如，"前卫"对于以青少年为目标市场的团队而言是竞争优势，但对于以中老年为目标市场的团队而言就不是。因此，只有对目标消费者进行全面的分析后，才能真正确定自身的差异价值和竞争优势。

消费者分析的内容分为消费者购买决策过程以及影响消费者的因素。消费者购买决策过程是消费者购买动机转化为购买活动的过程，分为确认问题、信息搜集、产品评价、购买决策和购后行为五个阶段。影响消费者的因素有文化因素（文化、亚文化）、社会因素（阶层、参照群体、家庭、角色和地位）、个人因素（年龄、职业、经济状况、生活方式、观念）、心理因素，等等。只有研究清楚了以上内容，才能够获取目标消费者群体所需要的差异价值。

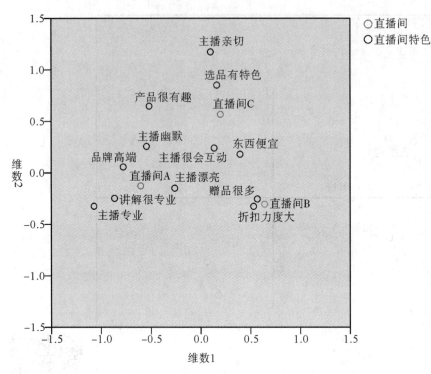

图4-7　运用对应分析法对竞争者特色进行分析

扫描二维码，
查看彩色大图

3. SWOT 分析

所谓 SWOT 分析，即基于运营团队内外部竞争环境和竞争条件下的态势分析，就是将与研究对象密切相关的各种主要内部优势、劣势和外部的机会和威胁等，通过调查列举出来，依照矩阵形式排列，然后用系统分析的思想，把各种因素相互匹配起来加以分析，从中得出一系列相应的结论。运用这种方法，可以对直播电商运营团队所处的情境进行全面、系统、准确的研究，从而根据研究结果确定团队可能的差异价值和竞争优势。其中，S（strengths）是优势、W（weaknesses）是劣势、O（opportunities）是机会、T（threats）是威胁。按照团队竞争战略的完整概念，战略应是一个团队"能够做的"（组织的强项和弱项）和"可能做的"（环境的机会和威胁）之间的有机组合。

（四）选择整体的定位战略与制定定位陈述

直播电商运营团队的整体定位被称为该团队的价值主张。价值主张直接回答了顾客的问题"我为什么要在你这里购物"。例如李佳琦将自己定位为"口红一哥"，其代表着口红导购品类中的第一品牌。那么他提供的价值主张就是"能够为你推荐到最合适的口红"。一旦消费者想要买口红或者想到口红，脑海里就可能出现李佳琦。值得一提的是，目前中国直播电商尚没有团队完成十分成熟的定位战略。哪怕像李佳琦这样知名的头部主播，其定位也还停留于"品类"侧面，即"他是卖什么的"。直播电商的定位战略应继续向特点和风格发展。成熟的定位战略例如沃尔沃，不仅让消费者们知道它是专业的汽车制造商，让人们想买车时可能考虑到这个品牌，更是将以安全为核心的价值主张传播到了消费者心目中。让消费者知道这是一个注重安全的汽车品牌，同时包括可靠性、宽敞和时尚，售价高于平均水平。一般在初级定位阶段，业界有五种可以用来成功定位的价值主张：优质优价、优质同价、同质低价、低质更低价、优质低价。初创的直播运营团队同样可以参考以上五种主张。当运营团队发展到一定的阶段，可以考虑进一步定位，塑造出更丰富立体的品牌形象。

确定运营团队的整体定位战略，即独特的价值主张之后，就需要对这个定位进行准确的陈述。一般来说定位陈述表现为下列形式：对于（目标细分市场及其需求）而言，我们的（直播间）是一种（如何与众不同的概念）。例如，"对于对计算机或其他新技术非常感兴趣的年轻人而言，我们直播间将在第一时间为你带来世界各地的黑科技创意产品"。注意，定位陈述首先要明确产品的类别（黑科技创意产品），然后指出其与该类别的其他产品相比有什么不同之处（最快，而且来自世界各地）。对于直播电商而言，产品类别不仅指直播间销售的产品类别，而且包括直播间提供的服务。例如，某运营团队的定位陈述为"对于孕期的妈妈而言，我们直播间提供最科学全面的养胎方案"。

（五）传播定位

直播电商团队的定位确定之后，团队必须采取有力的措施向目标顾客递送和沟通既定的定位。如果团队决定定位于更好的质量和服务，就必须首先按照该定位向目标顾客递送优质的质量和服务。此外，团队所有的市场营销组合策略必须给予该定位战略有力的支持。所有相关的产品、价格、渠道和促销设计，就是在安排定位战略的战术细节。例如追求优质优价定位的团队就必须寻求高质量产品为合作商。在此基础上，团队应该根据定位进行整合营销传播，即在广告、软文、引流短视频、直播间装饰等各个方面全方位突出和传播定位。一旦团队建立起理想的定位，就必须通过一致的表现和沟通来小心维持。这个传播和维持是全方位的，特别是对于直播电商而言，一旦定位形成后，主播的个人风格也属于定位传播的一部分。例如薇娅在直播间一直是邻家知性大姐姐的形象，如果突然有粉丝拍到她打扮得十分非主流，是有损团队的定位传播的。

第二节 直播电商运营

新冠肺炎疫情期间，直播电商为各行各业带来了新机遇，许多品牌商看到了直播带货的转化能力，纷纷转战直播电商领域，直播电商平台的开播数量持续攀升，品牌商家的直播活跃度高，直播热情高，直播频次多，甚至很多品牌负责人亲自来到直播间做主播，带领团队尝试新的卖货方式及流量变现。

"网红经济"的变现实力也随着直播电商的发展呈爆发式提升，网红直播兼具品宣和带货双重功能，因此有些品牌方会选择代运营的方式来开启直播销售。综合来看，品牌方的直播电商运营一般有自运营和代运营两种模式，品牌方应根据自身情况，考虑选择哪种模式开启电商运营。

一、运营类型

(一) 自运营模式

自运营模式指电商所有事务由商家全部负责运营，包括原有的电商全流程运营，也包括新增的直播电商运营。快速进入直播领域的商家，也在各自的发展过程中，探索适合自己的直播运营策略。

目前头部 KOL (key opinion leader，关键意见领袖，简称 KOL) 主导市场，处于流量垄断地位，拥有超级流量。品牌方与 KOL 合作，存在费用高、产品折扣低、用户留存低、复制难等问题，品牌企业难以长期靠与 KOL 合作作为主打销售渠道，也无法长期承受"网红"要求的低折扣和高费用率。

2020 年以来，各大直播平台与地方政府对直播人才的培育愈发重视，对当地代表性企业给予更多电商扶持，品牌自营直播模式有望逐渐提升，有实力的品牌也在纷纷探索直播自营模式。当企业在选择直播自营模式时，选择主推品牌营销号还是主推人设号也是要抉择的一个问题。

1. 品牌营销号

品牌营销号是一种主打品牌知名度的方式，通过在社交平台持续传递品牌价值、品牌文化，让粉丝获得好感和持续关注，最终让粉丝消费，这是对粉丝从关注到产生购买的活动长期引导的结果。将品牌作为营销号来打造，围绕品牌的产品、文化、历史、社会价值等，都可做出优质内容，比如三只松鼠这个品牌，通过"鼠小贱""鼠小美""鼠小酷"的卡通形象及有趣的故事，极具亲和力和可爱呆萌的直观展现，将主营产品坚果及品牌的文化巧妙融合，持续地在粉丝心中留下印记，全力打造品牌形象，让品牌深入人心，积累更多的粉丝，以实现流量变现。

2. 主播人设号

确定主播后，为了吸引观众、积累人气，清晰、精准的主播人设是直播成功的关键因素。当前各大直播平台入驻的主播呈现爆发式增长，要想让用户选择进入直播间并产生购买行为，主播必须具有清晰鲜明的人设定位，能帮助直播间更好地吸引并留住用户。企业的主播人设打造，应从企业自身的品牌文化和社会价值出发，选择契合企业品牌的人设，最终也是为了品牌营销。从本质上说，直播带货是一个"以人带货"的过程，因此一个辨识度高、难以被轻易取代的人设，可以帮助主播形成独特的自我标签，帮助企业形成长期持续型的品牌宣传和粉丝积累效果。

（二）代运营模式

电商代运营指为品牌电商提供线上店铺全部或部分代运营服务的第三方服务群体，包括咨询服务、店铺运营、商品管理、客户管理、营销推广、仓储物流、IT（互联网技术）服务等，为电商产业链上下游提供服务。

近年，短视频及直播电商的发展给内容精细化营销带来了更大挑战，同时电商代运营迅猛发展，交易规模实现高速增长，主要有以下四大原因驱动：

第一，线上流量放缓，获客成本快速上升，需要深耕消费者运营，助力品牌沉淀私域流量。

第二，B2C（企业到个人）电商规模持续扩大，品牌方加速"触网"，而电商新场景、新媒介、新流量对品牌运营提出了新挑战，从而催生出大量品牌运营需求。

第三，2010年之后社交电商快速兴起，新营销迅速迭代，电商也从产品思维转化为用户思维，探索各种团购、内容营销、短视频、直播等营销方式，特别是流量红利消退对精准营销的要求进一步提升，需要更高的消费者洞察力及分析力。

第四，大数据全链路提效，C2M（用户直连制造）模式对销售端数字化水平要求更高。数字化趋势赋能零售端的同时，也不断向上游制造商端延伸，新零售的下半场将围绕新制造展开，互联网和电商的发展大幅缩短了供应链链条，制造企业在规模生产的同时实现按需定制。

直播电商新营销模式快速布局，很多品牌方对直播平台规则及直播技能并不清楚，前期为了快速进入直播领域实现流量变现，会选择与代运营机构或者多频道网络方合作，承担品牌方全部代运营或者代播或者部分内容运营的工作。从合作模式来看，目前电商代运营服务商主要分为三种：

1. 全流程代运营模式

这种模式的服务商能帮助品牌方管理线上店铺及直播所有环节，并提供直播电商全流程服务。店铺的营销推广费用由品牌方承担，代运营服务商主要承担线上店铺管理的人力成本，并以基础服务费+销售分成的形式获得收入。

市场的激烈竞争对代运营企业的服务能力提出了新要求，大数据技术与新零售紧密结合，代运营服务商持续升级，对营销推广、主播孵化能力、电商运营能力、供应链管理、IT技术、管理系统等提出了更高的要求，需要服务商运用技术手段赋能品牌方全运营需求，向智慧一站式解决方案提供者转型迭代。

2. 代播模式

有些品牌方已有成熟的电商运营经验，属于电商平台的老牌商家，熟悉电商运营全流程，熟悉电商平台规则，有自己的供应链体系和仓储物流体系。品牌方在选择直播电商作为企业的新发展方向时，由于对直播这种新模式不太了解，难以快速实现直播变现，因此会选择与MCN机构或有直播业务的代运营机构合作，或者直接与头部主播合作，帮助企业快速进入直播领域。

代播这种合作模式，还特别适合企业用来推新品、爆品。这种模式可以在短时间内积累大量粉丝，完成商家品牌宣传和卖货，快速占据市场份额。选择与有经验的代运营机构或者头部主播合作，还能达到商品快速进入消费者市场的目的，企业也能短时间内实现大量曝光。

3. 内容服务模式

该模式下，代运营服务商为商家直播电商的某一环节提供服务，收取相应的服务费，这种情况下的合作内容可以灵活多变。比如针对某项产品或活动提供营销策划方案，并帮助落地实施；或者代运营机构及MCN机构帮助品牌方培育商家的自有主播，收取相应的培训费；或者代运营机构与商家共同孵化品牌，共同完成后续的直播商业变现，实现深度合作。

另外，代运营服务企业很多都会与MCN机构合作，比如有多家代运营服务商已与薇娅、李佳琦等头部KOL开展合作，或者自己培养主播，来服务于品牌代运营中的直播电商环节；同样，很多MCN机构的服务链条中也增加了品牌的代运营业务。同时，在优质内容产出方面，MCN机构具有强内容产出能力及流量的运营能力，代运营服务商为了完成对用户更精准的营销，也会考虑与MCN机构进一步合作，而且代运营强大的全链条服务能力也能与MCN机构相互取长补短，双方是一种合作与互相渗透的关系，有利于电商第三方服务生态更深入地融合和行业健康发展。

二、影响因素及选择方法

商家在决定做直播电商之前，确定好自己的直播运营策略非常重要，针对品牌及产品属性，锁定目标人群，并针对这部分的个人喜好、年龄特征、实际需求等方面确定直播内容，确定主播人员，确定直播平台及平台运营策略，这些都是商家在前期的直播运营方案中必须体现的内容。

从直播电商人、货、场三要素来分析，直播运营策略的影响因素及选择方法也要围绕直播链条上涉及的这些环节来考虑。

第一，参与直播电商的商家一般分为有商品供应链和无商品供应链两种情况。针对有商品供应链的品牌或商家，就要根据自有的品牌属性、商品属性及目标用户群体确定直播平台，组织主播人员及运营团队。根据品牌自身情况或特殊时期的特殊需求，选择商家自播或与第三方代运营或 MCN 机构合作。很多实力商家会选择自播和代播组合的模式，当有推出新品或爆品需求或有大量库存时，会选择代播模式快速完成变现，占领市场先机；而平时采用商家自播的形式完成高频次的直播带货，有自身商品及品牌的商家，采用自播的形式能更好地传递品牌文化，实现企业持续的品牌宣传和效益，也是自身直播电商竞争实力的培养，比如三只松鼠就是这种组合直播模式。

对大型商家来说，选择自营和代运营的组合模式，也是基于目前的直播现状来考虑的。品牌方可以接受头部"网红"短期极高的费用率，但完全依靠头部"网红"直播带货难以持久。品牌方以极低的利润甚至亏本选择"网红"带货，主要考虑的是品牌宣传和带货的即时效果，但很多品牌方并没有达到满意的持续盈利。以网红为中心的直播带货，缺少可持续维系的模式，缺少品牌文化的注入，很多消费者看网红直播或是冲动购买，或是为了抢到主播手里"全网最低价"的产品，而品牌方一味地降价反而使得品牌形象和价值大打折扣，不利于品牌长远的发展。"网红"主播可作为新品宣发、爆款打造、去库存的有力助推器，但要持续销售和盈利仍需回归商品和品牌本身，商家需要培养自己的直播技能。

第二，无商品供应链的商家可以考虑与代运营团队或者 MCN 机构合作，利用已有的供应链优势来开展直播电商，或利用自身产业链优势建立直播基地，连接商家、MCN 机构和主播及运营，完成直播电商全链条服务，这种模式前期需要较多的资金投入，商家需要在商品供应链及运营方面加大关注度，也可以考虑与代运营机构共同建立品牌及商品供应链。

如何确定直播电商的运营策略，是直播运营方案必须体现的内容。商家需要根据自身的情况及对直播电商的规划，来考虑选择直播自营还是代运营，或是组合直播的模式。同时商家要加强对内部人员直播技能的培养，增强自身在直播领域的市场竞争力。

第五章

直播电商团队构建与管理

成功的直播电商离不开团队的力量。因此，在明确直播电商的战略定位及模式后，最关键的工作就是组建一支规模适度、结构合理、优势互补、分工协作的直播电商团队并对其进行有效的管理。本章将在正确认知直播电商团队、明确直播电商团队职责及直播电商团队组建原则的基础上，对一个完整直播电商团队的成员构成及各自的工作进行讲解，进而分析一个优秀电商团队的特点，并据此就直播电商团队的几项主要管理工作展开讨论。

第一节　直播电商团队及其认知

在开展直播电商团队组建及管理的讨论之前，我们首先要正确认知直播电商团队及其特点、直播电商团队的主要职责以及直播电商团队的构成要素。

一、直播电商团队及其特点

直播电商需要一系列人员为了既定的目标，组成一个团队，通过制订一系列计划并付诸实施以达成既定目标。所谓团队（team），是指由基层和管理层人员组成的一个共同体，它合理利用每一个成员的知识和技能协同工作，解决问题，达到共同的目标。从这个角度理解，直播电商团队不是简单个体的组合，也不是普通的群体。

相比于群体或简单的个体组合，直播电商团队具有一些其他团队都有的特点，这些特点可能在实际中经常被我们忽略，但是正确认识这些特点，将有助于我们合理地组建直播电商团队并对其进行有效的管理。总体来讲，这些特点可以简单总结为六个方面。

（一）领导方面

群体应该有明确的领导人；团队则不一样，尤其是当团队发展到成熟阶段，团队成员通常会共享决策权。

（二）目标方面

群体的目标必须跟组织保持一致，但团队中除了这点之外，还可以产生自己的目标。

（三）协作方面

协作性是群体和团队最根本的差异，群体的协作性可能是中等程度的，有时成员还有些消极，有些对立；但高效的团队中，需要一种齐心协力的气氛。

（四）责任方面

在群体中，群体的领导者要负很大的责任，而团队中除了领导者要负责之外，每一个团队的成员也要负责，甚至要一起相互作用，共同负责。

（五）技能方面

群体成员的技能可能是不同的，也可能是相同的，而团队成员的技能是相互补充的，把不同知识、技能和经验的人综合在一起，形成角色互补，从而达到整个团队的有效组合。

（六）结果方面

群体的绩效是每一个个体的绩效相加之和，团队的结果或绩效是由大家共同合作完成的产品。

二、直播电商团队的主要职责

直播电商在本质上仍然是一种商务活动，以直播的形式在互联网（Internet）、内部网（Intranet）和增值网（VAN，value added network）上以电子交易方式进行交易活动和相关服务活动。按照目前大多数人的理解，从电商活动开展的角度看，直播电商需要具备人、场、货三大要素，其中，"人"主要指直播电商团队及粉丝，"场"指平台，"货"则指产品或服务。在这些要素中，人是最关键的要素。而这一要素中，粉丝可以看作电商活动中买方的代表，是电商收益的源泉；直播电商团队则代表卖方，肩负着将"货"和"粉丝"有效地整合在"场"内，满足粉丝对"货"的需求，将

"场"里的"货"转变成"场"外收益（变现）重任的关键要素。

基于前述对直播电商及其要素的讨论和认识，我们可以简单地将直播电商团队的主要职责归纳如下：

（1）产品或服务定位的确定及粉丝圈定；

（2）平台选择及直播电商活动策划；

（3）选品及品源管理，确保平台上的网络运营的顺利开展；

（4）直播策划、组织、粉丝互动及全过程管理；

（5）售前售后服务提供，确保咨询转化率和客户满意度。

三、直播电商团队的构成要素

根据团队的基本理论，我们可以把直播电商团队的构成要素总结为5P，分别为目标、人、定位、权限、计划。

（一）目标（purpose）

团队应该有一个既定的共同目标，这个目标须与组织的目标一致；目标为团队成员导航，让每位成员知道团队将走向何处。直播电商团队的目标，一方面需要服务于团队所处的组织的目标，另一方面要根据团队的具体职责和任务分工层层分解，直至团队中每位成员。

（二）人（people）

目标是通过人具体实现的，人是构成团队最核心的力量。两个及以上的人就可以构成团队。所以人员的选择是团队中非常重要的一个部分。人的分工和构成是选择团队成员主要考虑的两个问题。直播电商团队中的"人"，是"基于团队的主要职责，围绕团队目标，负责专门工作，按照一定计划完成工作任务的团队成员"。本章第二节将专门针对团队中的成员构成及分工进行讨论。

（三）定位（place）

定位一方面指团队自身的定位，包括团队在企业中所处的位置；另一方面指个体的定位，即团队中的成员在团队中扮演什么角色。在不同企业环境中组建起来的直播电商团队以及在团队承担不同工作任务的个体，其定位有差异。正确地理解以及准确地引导团队及团队中个体的定位，直接关系到团队工作效率、个体的工作状态并将最终影响团队和组织目标的实现。

（四）权限（power）

权限指团队在组织中拥有的决定权及其大小以及团队中领导者权力的大小。团队在组织中拥有的决定权主要包括人事决定权、财务决定权、信息决定权等。直播电商团队权限的大小受诸多因素影响，也与团队发展阶段、团队成熟度有关系。一般来说，团队发展初期，团队在组织中拥有的决定权相对较弱，团队中领导者权力也相对比较集中。随着团队日渐成熟，团队在组织中拥有的决定权可能越强，团队领导者所拥有的权力也会相应减小。直播电商组织中的管理层对直播电商团队及其成员的有效授权，对于直播电商团队高效开展工作、实现团队目标具有非常重要的作用。

（五）计划（plan）

目标的最终实现，需要一系列具体的行动方案或具体工作程序，这就是计划。只有在有计划的操作下，团队才会一步步完成工作任务，逐渐接近目标，从而最终实现目标。直播电商团队无论在开展电商运营活动、直播运营活动还是在服务客户的各项活动中，都需事先制订计划，按计划实施，以便对运营中可能面临的情形及各种情形下的应对方法做到心中有数，即便过程中遇到突发性问题，也能相对冷静地沉着应对，不至于惊慌失措。

第二节　直播电商团队成员的构成及分工

人是直播电商团队中最重要的构成部分。本节围绕直播电商团队的工作内容、成员构成和分工展开介绍，以回答如何建立"优势互补、分工协作"的直播电商团队这一关键问题。

一、直播电商团队工作内容

一场好的直播，想让粉丝跟上节奏，实现预期销售或目标，需要进行预先的策划、充分的协调、良好的演绎，同时要在直播前后提供贴心、及时的客户服务，才能达到好的效果。为此，我们通常可以按照直播电商业务流程，将直播电商团队的直播工作内容进行合理的划分，然后综合考虑每一项工作的内容、复杂程度等因素设置岗位并配备相应的人员。

一般情况下，一项完整的直播工作，其内容可以划分为直播前的策划、直播实施以及直播前后的客户服务三大项，为了使电商活动与直播活动充分有效地融合，我们将电商运营考虑进来，为此，一项完整的直播电商工作就可以划分为策划、运营和客服三大类工作，如图5-1所示。

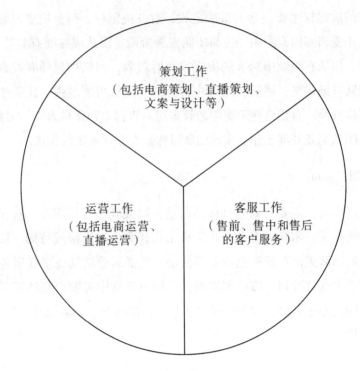

图 5-1　直播电商团队工作内容划分

策划工作包括电商策划、直播策划、文案与设计等工作，具体包含电商运营平台的选择、直播平台的选择、直播脚本的撰写、活动的策划、福利的策划、电商直播过程中的各种设计工作等。

运营工作既包括电商运营，又包含直播运营，其中直播运营主要包括主播直播、粉丝互动、个人 VIP（贵宾）打造等运营活动，也包括运营中的直播节奏把握、场控、突发问题的处理等协调工作。

客服工作主要包括直播电商环节中的客户服务，直播中的客户服务主要是直播间内或非直播间的粉丝及客户产品咨询及订单处理等服务，直播前后的客户服务主要包括平台上客户售前咨询或疑问解答、订单处理、未付款催收、物流及售后追踪、售后退换货处理、反馈及买家回访、客户需求分析等。

二、直播电商团队岗位划分及结构

（一）直播电商团队工作内容及岗位划分

既然直播电商团队需要完成直播前的策划、直播实施以及直播前后的客户服务三大项工作内容，那么，一个高效的直播电商团队就应该拥有策划、运营及客服三大类岗位。一个团队中这三类岗位上的人员数量的多少，会受诸多因素的影响，比如所售产品的特性、不同电商平台的特点、粉丝喜欢的直播形式等，因此，无论对哪类人员通常都不会有固定的人员数量限制。

虽然一个团队总是逐渐发展壮大和成熟的，但为更加直观地了解直播电商团队成员的构成，我们以一个拥有电商运营平台的完善的直播电商团队为例来说明直播电商团队的成员构成。该构成如表 5-1 所示。

表 5-1　直播电商团队工作内容及岗位划分

工作内容	岗位及成员类型
策划	策划主管、电商策划与文案、直播策划与文案、设计师
运营	运营主管、电商运营专员、直播运营专员、主播、副主播、主播助理、场控
客服	客服主管、售前客服（含直播客服）、售后客服

（二）直播电商团队结构及成员

如果整个直播团队确定一位领导（经理），每类岗位配备一个主管，那么，直播电商团队结构及成员构成大致如图 5-2 所示。

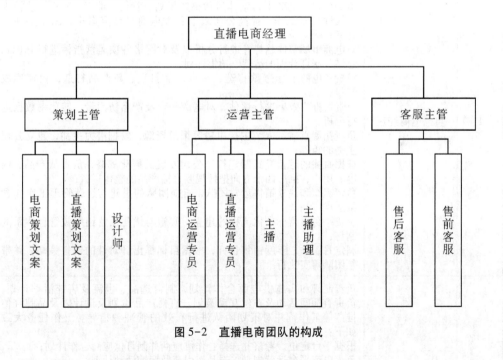

图 5-2　直播电商团队的构成

三、直播电商团队成员工作任务分解

根据图 5-2 所示的直播电商团队的结构，结合直播电商团队的主要职责及工作内容，我们可以对直播电商团队成员的工作任务进行分解（见表 5-2）。

其中，主要负责人工作职责如下：

直播电商经理：主要负责电商平台的整体规划以及电商及直播运营销售计划的制

订、电商平台上爆款的打造、主播的渠道拓展及发展、直播及销售运营团队的组建及管理、营销绩效管理体系构建等。

策划主管：主要负责对直播电商涉及的平台、产品及活动等进行总体规划和设计，统筹粉丝需求分析和爆款或重点产品的设计等工作，并指导其下属的策划文案和设计师开展相关工作。

运营主管：主要统筹电商运营、直播运营及直播间主播团队的直播工作；指导电商运营专员和直播运营专员开展好电商运营及直播运营工作，指导主播团队在直播间的各项工作特别是商品展示、粉丝互动及 VIP 打造等运营活动。

客服主管：主要指导售前、售中、售后客户服务人员围绕咨询转化率、客户满意度、签单率关键指标，开展好客户服务工作以达成既定目标。

表 5-2　直播电商团队成员构成及工作任务分解

序号	团队成员	职责及工作任务
1	直播电商经理	全面负责直播电商团队的日常管理及工作指导，负责平台整体销量。工作任务大致如下： 负责公司各电商平台整体运营整体规划、营销、推广、分析、监控等系统性经营工作，提高公司旗下各大电商平台点击率、浏览量和转化率； 对电商市场整体趋势等进行分析以及对网络各项运营指标进行分析和总结，制订合理的运营、销售计划； 负责各电商平台爆款打造、重点产品打造、新产品打造，快速形成销量； 负责对推广效果进行评估，对电商平台及产品访问量、转化率数据进行分析； 负责拓展直播红人、主持主播等渠道资源，发掘潜力主播，建立公司主播的矩阵； 根据直播的运营模式制定符合公司发展的孵化战略，负责从产品、内容、用户、推广四个方向把握视频直播产品的整体运营； 负责组织和建立销售运营团队，直播团队的搭建与运营管理工作（含渠道推广）； 负责平台运营标准化流程的建立、实施与优化及营销绩效管理体系的制订； 制定月、季、年度销售目标，根据目标提出针对性的销售策略，并带领团队落实执行
2	策划主管	负责制订和实施供应商合作计划，制订选品、引流及店铺活动计划，负责直播间活动及粉丝互动策划、直播产品策划及设计以及品牌宣传推广等工作，并对策划团队进行有效的管理和指导。工作任务大致如下： 根据平台定位，考察并选择合作供应商并制订供应商合作计划； 负责电商平台运营规划、选品、引流及店铺活动计划； 开展市场分析，制订市场及品牌推广计划； 开展粉丝分析，针对直播团队特点及优势，开展直播间活动策划、粉丝互动策划、直播产品策划及设计； 综合分析并负责制订直播团队组建及管理计划； 综合分析并负责制订主播的引、选、培养及留用计划； 制订月、季、年度店铺活动、品牌推广等计划； 制订月、季、年度直播间活动、引流、稳流等计划

表5-2(续)

序号	团队成员	职责及工作任务
3	电商策划专员	负责电商平台上产品、店铺相关的产品内容、促销脚本等的策划和品牌推广工作。工作任务大致如下： 负责开展电商产品分析并确定平台上产品的定位； 负责电商平台日常、节日、大促阶段的预算编制和营销活动策划； 负责电商平台上店铺日常运营策划工作，含功能策划、在线宣传推广方案制订、店铺装修等； 负责开展市场分析并策划平台上店铺内活动和品牌推广计划； 负责每月店铺的活动、推广方案的规划及执行跟进、店铺搜索流量提升、资源流量争取、构思活动页面呈现、优化宝贝页与设计师一同完成页面上线等工作； 负责公司店铺推广，对PV（页面浏览量）、UV（独立访客）、销售额等进行数据分析和评估效果，提高店铺点击率、浏览量和转化率； 负责公司平台店铺专题内容策划和编辑，挖掘产品卖点，进行产品描述优化
4	直播策划专员	主要负责执行相关策划及相关文案工作，承担市场及策划推广效果的责任。工作任务大致如下： 负责撰写直播产品描述文案、单品策划文案、粉丝互动文案、广告文案、品牌宣传文案； 直播间促销活动营销策划方案、广告语、软文等相关文字的创作工作； 根据公司发展需求，针对直播媒体特点建立资源渠道关系； 制订直播前、直播中及直播后相关策划文案； 协助创作公司整体的宣传素材（图片、文章、创意短视频、音频）等； 负责公司短视频自媒体账号运营、推广策划文案
5	设计师	主要负责执行相关工作任务，有效提升品牌知名度和影响力。具体工作任务如下： 负责处理上新产品图片，编排优化店铺产品内页结构，独立完成网店的整体风格装修设计、宝贝详情页的设计； 负责电商平台页面视觉布局装修发布、详情页的策划制作，各类推广素材的创意设计； 配合店铺销售活动，制作促销图片和页面，及时更新店铺主页及广告海报页面创意设计； 负责把控品牌拍摄的展示图、视频等作品的视觉形象的风格、调性统一； 产品拍摄和渲染，以及负责其他相关的设计方面的工作
6	运营主管	负责电商及直播运营团队日常管理与工作指导，负责电商平台上网店的整体销量和直播间整体销量。工作任务大致如下： 负责各大电商平台日常运营管理，包括电商整体规划、产品、营销、推广； 带领运营团队制订品牌推广计划以及推广活动，并实施执行，完成销售目标； 负责打造电商平台爆款、重点产品打造，让新产品上市后快速形成销量； 负责主播的定位、包装和推广，直播达人的人设形象维护，完善运营思路，优化推广策略； 负责监控直播业务整体活动，把控直播选品、直播间运营等工作； 负责把控直播活动内容策划（商品的匹配、脚本的制定、数据分析、内容优化）； 有效监控直播前准备、直播过程，直播后期跟进推动，确保直播有序有效进行； 负责管理主播，根据公司计划，规划主播完成直播收入目标，做好每周/月的直播规划

表5-2(续)

直播电商实务

·52·

序号	团队成员	职责及工作任务
7	电商运营专员	主要负责电商平台上店铺的日常运营、推广、维护、活动组织实施及运营情况监管等。工作任务大致如下： 负责电商平台上店铺（网店）的日常运营，制订年度、月度运营规划并落实执行，完成销售指标； 店铺日常维护，协调文案、设计及客服工作，保证店铺的正常运作，优化店铺及商品自然搜索排名； 运用合适的推广手段，提高单品访客数，并记录单品相关的各项核心数据，对推广效果进行评估，提出改善建议； 负责电商平台日常运营数据分析（关注UV、PV、销量、跳出率、地域时段、转化率等）、问题整改提升，跟踪竞争及行业动态； 通过数据监控，包含但不限于营销数据、交易数据、客户评价，及时调整运营策略和方向； 每日监控并向部门主管提供数据营销数据、交易数据、商品管理、顾客管理； 负责电商平台日常、节日、大促阶段营销活动的组织、报名、实施、总结
8	直播运营专员	负责直播间商品选品、直播间活动的组织实施、直播监管及粉丝维护等。工作任务大致如下： 负责直播的商品选品、直播间活动组织实施和粉丝群维护； 负责分析日常直播数据，提炼与总结，给予主播选款和直播建议，挖掘新的业绩增长点，提升直播业绩； 负责每日直播产品的排期，通过后台商品的各项数据指标，优化直播商品结构，调整每日直播商品款式，从而提升销售转化； 与主播及直播平台对接各类线上、线下活动并配合执行日常工作安排； 对公司主播的微博、粉丝群、贴吧进行日常维护，负责主播日常直播监管，数据统计，参与主播培训及指导； 负责每次直播全程监管以及开播前的策划、整理、编辑等相关的工作，协调直播辅助工作人员的安排等； 负责直播中控台各项工作，包括维护气氛、发布公告、安排直播间活动、禁言等，上架产品和优惠券； 跟进直播中产生的各类问题，反馈处理并给予合理的解决
9	主播	负责执行直播间各项工作任务，承担直播间销量效果的责任。具体工作任务如下： 通过电商平台展示和销售商品，耐心解答粉丝疑问，与粉丝互动，完成销售目标； 负责参与直播内容策划，进行直播间粉丝维护，策划有效的粉丝营销活动； 解答粉丝疑问，与粉丝互动，提高粉丝活跃度，增强粉丝黏性，增加粉丝数量，提升直播在线人数，达成销售； 分析和统计相关数据，对直播情况进行复盘，提出优化方案； 根据工作安排，稳定上播，按时直播，维护直播间的正常秩序
10	主播助理	主要负责辅助主播开展直播间相关工作，承担直播间销量效果。具体工作任务如下： 通过直播介绍和展示品牌产品，推荐产品的卖点； 与粉丝互动，回答直播间粉丝提问并提供相应建议，引导有购物需求的粉丝完成购物流程； 负责直播内容运营，保持直播间的活跃度，与主播、粉丝进行互动； 定期开展调研工作，捕捉竞品直播发展方向，搜集平台、主播、用户的需求，提出合理化直播调整建议； 根据每次直播情况总结经验并对下次直播进行优化

表5-2(续)

序号	团队成员	职责及工作任务
11	售前客服	主要负责执行相关工作任务，承担咨询转化率责任。具体工作任务如下： 负责通过在线聊天工具为顾客服务，解除顾客对产品的疑问，推荐产品，促成订单成交； 根据电商平台后台操作流程，负责发货、评价、订单备注等； 对于拍下未付款的订单要主动联系客户、催付款； 协助处理简单的售后问题，比如查件、跟踪物流信息； 定期整理搜集客户反馈，进行客户需求分析
12	售后客服	主要负责执行相关工作任务，承担客户满意度责任。具体工作任务如下： 负责处理电商平台售后问题，如物流查询、退换货、产品相关问题等； 做好买家售后退换货各环节服务、投诉处理跟进及回访、买家满意度调查等； 处理页面的好、中、差客评，积极答复并跟进； 负责店铺后台操作，查看店铺后台退款订单，针对退款单的各种状态进行对应处理操作； 对售后服务实施全程跟踪并做好相应记录，建立客服信息库并做好及时更新，提高售后服务质量

　　需要说明的是，现实中的直播电商团队成员构成及人数不是一成不变的，需要根据公司的预算和规模来设置。事实上，一个比较精炼的直播电商团队可以只由5人组成（主管1名，策划、运营、主播及客服各1位），也可以只有2人（主播与助理）。较为稳定的团队人数及分工也需要在实际过程中不断进行动态调整。

第三节　直播电商团队的组建及管理

一、直播电商团队的组建原则

（一）"要素齐全、目标导向"原则

　　直播电商团队的组建要考虑目标、人、定位、权限及计划五个构成要素，缺一不可。同时，在团队五个构成要素中，要始终坚持以目标为导向，一方面，可以将团队的目标分解成诸多小目标，再把这些小目标具体分解到各个团队成员身上，以便大家合力实现团队共同目标；另一方面，还应视情况将目标有效地传播，让团队内外的成员都知悉并理解，进而采取系列措施激励或鞭策团队成员为这个目标努力工作。

（二）"定位清晰、角色明确"原则

　　组建直播电商团队时，无论团队自身还是团队中的各个个体，都必须做到定位清

晰、角色明确。团队定位方面，要明确团队在企业中所处的地位、由谁选择和决定团队成员、团队对谁负责、团队采取什么方式激励下属。团队中个体的定位方面，则需明确团队中的成员在团队中所扮演的角色（是做策划、订计划、组织实施、协调沟通，还是监督评估？）。

（三）"优势互补、分工协作"原则

在一个团队中，可能需要有人出主意有人做策划，有人定目标有人定计划，有人组织实施有人协调沟通，还有人监督评价。因此，在确定团队成员构成的时候，要充分考虑团队成员在知识、技术、经验和能力等方面的优势，根据团队工作的实际，形成优势互补、分工协作的直播电商团队。

（四）"授权有度、权责匹配"原则

直播电商团队与其他众多团队一样，为实现其预定的目标，需要组织赋予其一定的团队决定权（授权）。因此，一方面，在组建团队时，组织需根据团队的定位及目标，结合团队发展阶段，授予团队一定的人事决定权、财务决定权、信息决定权等；另一方面，组织也要明确团队在执行各项行动计划和实现其目标过程中需要承担的责任和义务，做到"授权有度、权责匹配"。

（五）"计划合理、行动有序"原则

团队目标的最终实现依靠的是一系列行动方案或计划的执行和落实，没有头绪的执行会让团队成员像无头苍蝇，行动无序，自然无法实现目标。因此，直播电商团队的组建，还需要制订合理的计划，以确保行动或工作程序的有序性，最终实现团队目标。

二、直播电商团队的组建模式

直播电商团队组建模式主要与电商企业自身的经济实力以及对行业的熟悉程度有关，总体来讲可以分为三类。

（一）"自营直播团队"模式

这一模式适合行业经验较为丰富且预算无障碍的商家。这里说的有经验是指对互联网、电商、新媒体比较熟悉，能够基本把握住这个行业运行的规律及基本要点。这类商家适合构建自营直播团队且自建团队的成员最好都是专职工作。自营直播团队相对稳定，但运营和管理成本是所有模式中最高的。

（二）"专兼结合的直播团队"模式

这一模式适合没有丰富行业经验且预算不太充裕的商家。兼职主播存在成本低、调整灵活的优势，但也存在稳定性差的弊端。选择这一模式构建的直播团队稳定性相对较弱，成本相对较低，管理的重心应放在兼职主播遴选与激励、专兼职主播团队的建设以及兼职主播和其他团队成员之间的协作上。

（三）"第三方专业直播团队代运营"模式

这一模式适用于有品牌、有优质产品，也有足够预算的大中型企业。直播代运营机构可以为商家提供主播、运营直播场地及设备、直播内容策划、直播引流等一站式直播营销解决方案。把专业的事情交给专业的人做，商家在直播卖货这件事情上面，基本上可以当"甩手掌柜"。这一模式构建的团队，专业性是毋庸置疑的，但正因为如此，也是所有模式中成本最高的，其稳定性则受诸多因素的影响。

三、直播电商团队的管理

（一）明确团队工作的"两个核心"

团队建设及其工作要紧紧围绕两个核心，其一是为公司创造更多利润，其二是为员工谋求发展前途。二者相辅相成、良性循环。团队创造更多利润才能推动公司更好地发展，从而为团队成员创造出更大的发展空间。在为公司创造更多利润的过程中，员工也能获得更多的收入，这是双赢最直接的体现。此外，员工在创造利润的过程中提升自我能力、展现自我价值，又为自己赢得了更好的发展机会。因此，考核直播电商团队绩效高低的指标，无外乎两个方面，一是团队给公司创造的利润，二是团队中成员的收益及个人发展。

（二）坚持团队行动"一个方向"

直播电商团队需要以目标为导向。所谓目标导向，即一个声音，这里有两层意思。一方面，团队的高度集权，即团队成员对领导者的强烈的信任感、高度的认同和无条件的支持。这不是一种盲目或者狂热，而是所有人拧成一股绳、所有力量集中到一起的直接表现。另一方面，团队的高度统一，即团队拥有一致的目标和荣誉，具备统一的安排和行动、一致的标准和要求等，只有这样，队伍才是不可分割的整体，才是配合无间的战斗机器。

无论选择何种模式，直播电商的相关工作最终都要落实到团队协作完成，差别仅仅是这个团队是自建自管还是第三方代为管理。无论谁管理，一个直播电商团队都需要有清晰的定位和明确的目标，坚持一个方向。这个团队是干什么的？团队存在的意义是什么？直播团队与电商团队的关系是什么？直播团队与其他团队之间的关系是什么？这个团队将来想成长为什么样子？达到什么样的目标？为了实现直播电商团队的目标，成员应该遵循哪些行为准则和规范？每个团队成员个体的目标是什么？团队成员是否清楚团队和自身的目标？……只有回答了上述问题，才能确保团队定位清楚、目标明确，才能使团队在运营过程中确保"一个声音"，坚持"一个方向"。

（三）打牢队伍建设的"三个基础"

1. 勤

天道酬勤，"勤"是团队强大的基础。勤思考、勤执行、勤学习，勤才能熟、熟就会巧，爱折腾才能会折腾，会折腾才能有效果。在直播电商团队建设与管理实践中，不仅需要构建让团队勤思考、勤执行、勤学习的管理机制和氛围，还需要将勤培养成为团队成员的一种习惯、一种文化。

2. 厚

"厚"是队伍团结的基础。厚是将心比心、感同身受，是团队温暖的来源。厚是一种理解，是一种体谅，是一种认同，是对他人处境的理解、对同事难处的体谅、对员工辛苦的认同。在团结温暖的团队中，团队成员会更加主动付出，安心工作，发挥潜能，为团队在公司中创造更大的利润贡献更大的力量。

3. 助

"助"是团队默契的基础，帮助、协作、共享、各施所长，既能提高效率又能实现优势互补，促使团队成员团结一心，众志成城，谋求团队整体利益的最大化。

（四）建立管理规范的"四大支柱"

直播电商团队的有效建设和管理，需要依靠规矩、流程、培训及奖惩，这四个方面可以理解为直播电商团队管理的四大支柱。

1. 规矩

规矩用以确保团队在一定的规范或约束下开展工作。没有规矩不成方圆，一个团队没有了规矩的约束，就无法形成良性风气，散漫、随意等恶习将逐渐滋生，从所谓的不重要的小事开始，最终蔓延到所有的工作环节。可以想象，如果直播间里的主播没有规矩、没有约束，与粉丝互动时毫无章法，毫不避讳，主播助理或场控不分场合和对象地随意乱说，丝毫不顾自己的言行会给主播和粉丝带来怎样的混乱，那样的直播及其效果将会是多么的难堪。

2. 流程

流程用以确保团队成员按照一定的流程或标准有序开展工作。直播团队及成员如何提高效率、保障效果？怎么才能快速上手、执行到位？对这类问题，流程的明确是关键。统一的操作标准、具体的细节要求会让所有人成为合格的战士，因此做好流程管理无论是对新人的成长，还是降低管理的难度，都有着一劳永逸的效果。直播电商工作应该遵循什么样的流程或标准，是组织、团队领导者及团队成员需要共同明确和清楚的。没有流程，缺乏标准，擅自行事，不计后果，将会对团队工作及其成效产生致命的影响。

3. 培训

培训是确保团队持续有效开展工作、促使团队成员个体不断成长及发展的重要保障。直播电商团队的每一个成员都担负着实现团队目标的重任，加强对团队成员的实操练习能更好地提升他们的能力。团队中的成员，不管是负责电商运营还是直播运营，无论是策划还是设计，也不管是主播还是场控，开展工作都需要具备一定的知识和能力。同时，这些知识和能力也需要在工作中不断优化或提升，才能确保团队持续有效开展工作，也唯有不断地优化或提升，团队成员个人才能不断得到成长和发展，这无论是对团队还是团队中的成员，都是大有裨益的。

4. 奖惩

奖惩既是对团队及其成员工作成效的反馈，也是促使其取得更佳绩效的手段和方式。合理的奖惩制度有利于促进工作的推进。直播团队中必须有一套奖励和惩罚的制度，在明确团队及其成员的工作要求和绩效目标的基础上，明确奖惩标准，确定团队及其成员获得奖惩的条件、形式以及内容，做到达标必奖、超标有奖，不够必罚，严格要求、奖罚分明，做到位、不儿戏，确保团队目标如期实现。

第三部分
直播电商运营管理

第六章

直播前期策划

为确保一场直播顺利、成功地开播，运营团队需要进行大量的前期准备与宣传。其中包括：确定产品、价格、平台、促销方式等营销组合；准备好直播需要的硬件及软件；做好开播前的宣传与引流工作。

第一节　营销组合要素的确定

直播电商的每一场直播活动可被看作一场全方位的营销活动。因此在开播前期，运营团队需要确定营销组合的每一个要素。本节根据杰瑞·麦卡锡（Jerry McCarthy）教授在其《营销学》中提出的 4P（product、price、place、promotion，即产品、价格、平台、促销）模型，也是目前最为经典的营销组合模型，来分析开播前应确定的营销组合要素。

一、"产品"的选择

直播行业问世以来，逐渐呈现出"万物皆可播"的繁荣景象。同样，直播电商中的产品也呈现出百花齐放的态势。我们甚至可以看到不少探寻直播电商产品"边界"的尝试。例如知名主播薇娅在她的直播间成功销售出了一枚火箭。因此，确定直播中销售的产品，是运营团队首先需要确定的营销组合要素，也是开播前最重要的准备工作。

（一）直播电商"产品"的概念

首先，我们需要了解究竟什么是"产品"。了解产品的概念和内涵不仅能够帮助主播更好地介绍将通过直播电商进行销售的产品，也能够拓宽运营团队选择产品的思路。

根据菲利普·科特勒（Philip Kolter）的定义，产品（product）指向市场提供的，引起注意、获取、使用或消费以满足欲望或需要的任何东西。根据这个定义，我们经常在直播电商中见到的服装、化妆品、包、手机等有形物品属于产品，无形的服务、观念等同样属于产品。基于此，运营团队在挑选直播产品时，不仅可以挑选有形物品，也可以尝试销售无形的服务。2020 年 8 月 7 日，猪八戒网的创始人朱明跃在全网直播时，多名身怀绝技的服务型人才在直播间打折出售自己的服务，这不失为直播电商中一种新的产品尝试。

如图 6-1 所示，学术界用核心顾客价值、实体产品和扩展产品三个层次来表述产品的整体概念。了解这三个层次的具体含义能够帮助直播电商运营团队做出更为合适的产品选择。

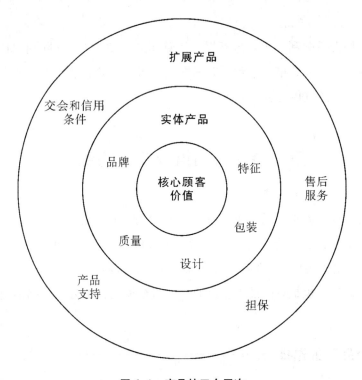

图 6-1　产品的三个层次

核心顾客价值（core customer value）指向顾客提供的产品的基本效用或利益，即购买者真正购买的是什么？例如手机的购买者并不仅是为了购买这个设备本身，还是为了购买与他人自由频繁地社交。口红的购买者并不仅是为了购买口红上的色彩，还是购买对时尚的追求等。

实体产品（actual product）指核心顾客价值借以实现的形式。它由五个特征构成，即品质、式样、特征、品牌及包装。例如华为手机的核心顾客价值是实现与他人的沟通，而一部华为手机就是一个实体产品。除了名称、构件、风格、特征、包装，产品策划者还要向顾客提供一些附加服务和利益，用以保持核心顾客价值。

扩展产品（augmented product）是围绕核心顾客价值和实体产品构造的一些附加服务和利益。例如华为手机不仅仅是一个沟通工具，它还提供一个完整的解决移动联系问题的方案。因此，当顾客购买了华为手机，企业或者分销商还会向顾客提供一份对部件和工艺的保修单、一份顾客如何使用的说明书、必要的快速维修服务，以及当顾客有任何问题或者疑问时可以联系的免费电话和网站。

（二）直播电商"产品"的选择策略

1. 直播电商所选产品必须具有反映顾客核心需求的基本效用或利益

根据前面介绍的直播电商的定位战略，一个成功的直播电商运营团队在完成了定位之后，便确定了特定的目标群体。因此，在选择直播的产品时，团队必须考虑到这部分目标群体的核心需求，即回答"我们的目标客户究竟需要什么产品"的问题。例如，李佳琦的公众号中就特意设置了"产品许愿"板块以了解粉丝的需求。

实际操作中，哪怕团队获取到了一批低价资源，或者合作厂商急需团队解决一批库存，但若该产品并不符合目标顾客（粉丝）的核心价值，也会被视为失败的选品。例如某一直播电商的主流粉丝是孕期女性，但他们选择了高盐油的食物或者含有酒精的护肤品进行推荐。粉丝购买不符合自身核心价值的产品后，会付出金钱甚至更为严重的代价，从而造成"后悔""迁怒"等认知-行为不协调状态。为了摆脱这种让自身不舒适的非平衡状态，粉丝会采取取关、退货、发表负面口碑等方式让内心恢复平衡状态。无论是以上哪种方式都会对直播电商团队造成巨大的伤害。因此，切不可为了短期的利益选择不符合目标顾客核心利益的产品。

2. 建立直播电商产品选择的"五维"模型

根据实体产品品质、设计、特征、品牌及包装五个特征维度，建立五维选品模型。如图6-2所示，团队可以对比每个备选产品的雷达图，这样一方面可以直观地突出每个产品的特点，另一方面便于团队形成自己的选品风格。例如定位高端的直播电商所选产品在品牌维度均为高分，或者定位个性化、小众的直播电商所选产品在设计和特征两个维度的得分较高。值得一提的是，每一个直播电商团队都可以在质量维度设定一个最低值以保证产品品质。

3. 直播电商选择产品时应争取扩展产品为加分项

售后服务、支付方式、担保等要素虽然不是直播电商产品选择时考虑的必要条件，但却是会为产品加分的要素。特别是在今天，越来越多的消费者更在意产品以外的咨询、运输等价值形式。因此当实体产品的特征不相上下时，应选择扩展更强的产品。

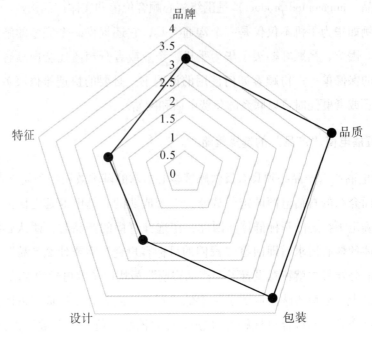

图 6-2　某产品五维雷达图

（三）直播电商"产品"的选择技巧

1. 选择使用频率高的产品

对所购买的产品的感知价值是影响粉丝忠诚度的重要原因之一。然而，"感知价值"是一个因人而异的概念。同样售价 100 元的产品的"感知价值"对于不同的消费者而言，可能高于 100 元也可能低于 100 元。而当"感知价值"高，消费者就会出现"这个东西真的买得很值"的心理。在已有研究中，增加产品的使用频率是提升"感知价值"的有效手段之一。因此，运营团队在选择直播的产品时，尽量选择使用频率高、使用场景多的产品。如果直播间经常销售一些颜值高却容易被闲置的产品，可能会给粉丝留下"我在××直播间买的都是没用的东西"的印象。运营团队在选择产品时应尽量避免这种情况的发生。

2. 选择复购频率高的产品

在直播电商中，产品的购买频次不但会影响主播的收益，还会影响粉丝的活跃度与粉丝黏性、粉丝忠诚度。对于成熟的直播电商运营团队而言，保持固有粉丝活跃度和黏性的成本要低于吸引新粉丝的成本。因此，增加固定粉丝群体的购买频次是最为经济的选择。运营团队在选择产品时，可以尽量选择一些复购率较高的产品，如零食、日用品、化妆品等快消品。如果粉丝购买后体验良好，就会选择在主播的直播间再次购买。

3. 选择物流快且方便运输的产品

物流对于电子商务而言是影响客户体验的重要因素，对于直播电商而言更是如此。因为冲动型购物的比例在直播电商中要高于普通电商，高效率的物流能够缩短粉丝可能产生后悔情绪、退单行为的等待时间。此外，易碎、易腐烂的产品会增加直播后的订单管理，也会增加粉丝产生不满情绪的风险。运营团队在选择产品时应该避免此类产品。

二、价格的确定

在众多商业模式中，直播电商属于对价格极为敏感的模式之一。实践中，我们经常可以看到直播间通过"全网最低价"吸引粉丝。由于消费者对价格的敏感度较高，所以通过价格策略吸引粉丝是目前直播电商中常用的方法。值得注意的是，只靠价格战卖货，很难带来忠诚用户。如果所有直播都持续以"全网最低价"的噱头引导用户进入直播间并刺激下单，那用户会越来越被培养为"价格敏感型"的用户。因此，低价策略适合于直播间的起步阶段。当积累到一定粉丝之后，保持价格优势的同时，直播间需要依托选品等其他优势维持粉丝的忠诚度。

三、平台的选择

（一）四大直播电商平台的特点

1. 淘宝直播

2016年3月淘宝推出直播产品试运营，同年4月第一次推出淘宝直播"让达人来直播"的电商尝试。之后，淘宝直播作为电商直播的先行者，创新尝试和升级了不少直播模式新玩法，如淘宝直播+产业带、明星走进直播间、脱贫攻坚直播、造节运动、通过其他平台引流、"走播"等。淘宝直播是构建在淘宝生态之上，使用直播技术全景展示商品、实时互动、及时答复消费者咨询的一种新消费场景。淘宝直播依靠淘宝天猫平台强大的供应链优势、品牌优势、平台运营优势、信用保障体系及健全的物流体系，为主播提供实力商家对接，建立直播产业带基地、供应链基地，为品牌方和主播提供专业的直播解决方案，给予其流量扶持和活动组织，提供平台培训，帮助主播快速实现流量变现，快速培养头部主播和MCN机构，从而吸引到更多的主播、MCN机构和品牌方入驻，构建起淘宝直播的电商生态。基于以上优势，淘宝直播平台的成功也是有目共睹的。2019年，淘宝直播首次成为"双11"的主流消费模式，带动直播成交额近200亿元。截止到2019年年底，淘宝直播平台的开播播主数已经达到了10.88万人，开播的场次有320.42万次，观看人数692 548.38万人。2019年直播带货市场规模约3 500亿元，其中淘宝直播独占60%。

淘宝直播平台的特点在于：①即时性；②互动性，主播可以实时解答粉丝的提问；③可观看渠道广，包括手机、电脑、平板电脑；④依托淘宝平台，产品品类众多，用户喜爱购买的品类为女士护肤、彩妆与女装用品；⑤受众广泛，消费主力为"90后"，区域集中于广东、江浙地区等沿海一、二线城市。

2. 快手直播

2017年9月，"快接单"上线，开始帮助商家和网红进行撮合交易。2018年年中，快手官方电商工具"快手小店"正式上线，支持自建小店，并接入了淘宝、拼多多、苏宁易购、有赞、京东等电商平台。相对于抖音瀑布式的公域流量引入，快手基于社交和兴趣分发流量，更加注重私域流量的维护，主播通过内容吸引来的流量，通过直播或段子与粉丝不断地链接，将陌生人转化为老朋友，让粉丝可以更加持久，信任更强、黏性更强，因此，快手形成了独特的"老铁"文化，并不断进行业务拓展，快手老铁更信赖主播的推荐，也更为追求产品的高性价比和实用性，形成独有的"认人买货"模式。2020年，快手直播电商愈加火爆。以4月18日的快手"超级品牌日"暨首个国际美妆品牌狂欢节为例，该活动集聚了SKII、雅诗兰黛、兰蔻等国际知名化妆品牌。仅53分钟直播销售额就突破一亿元，单场销售总额突破了5.2亿元，总销售单量达到345万单以上。

快手直播的特点在于：①80%的用户来自三四线及以下城市；②内容以农村题材、乡镇生活题材等反映社会真实生活的居多；③秉持"内容公平分发以及让每一个普通人都能被看见"的"普惠式"算法，为商家或个人提供更大的流量与算法支持，不会让任何一个直播石沉大海；④"老铁经济"建立了主播与用户之间的信任关系，将陌生人转变为老朋友；⑤日活跃用户数巨大，2019年已达到2亿；⑥用户喜爱购买的品类为美妆、农副产品、男女服饰和健身用品。

3. 抖音直播

抖音于2017年11月开通直播功能，积聚了一大批依赖抖音赚钱的红人。2018年3月，抖音上线购物车功能，支持跳转淘宝，尝试实现直播变现，5月正式启动电商商业化。2018年"双11"期间，抖音全面开放购物车功能，从而实现了突破性收益。2019年4月，抖音与京东、唯品会、考拉海购等电商平台合作，大力支持红人带货，同时推出小程序电商，以及孵化抖音小店开始电商自运营。目前抖音平台包含有小程序、抖音橱窗、抖音小店，同时链接第三方电商平台，共同运营抖音直播商业产业链，已成为目前商家直播卖货的强大入口。目前，抖音通过已有广大群体的粉丝基数，不断提供新玩法，实现立体式营销，包括新品上市线上线下联动、粉丝营销、热点营销、活动大促、品牌活动等，从而推动抖音不断拓展更多的流量，赢得更多的主播和商家关注和入驻。显而易见，抖音直播平台的成长是相当快速的。2020年的"515王牌直播间"活动的三天内，1700多名百万级粉丝量的主播在线带货，罗永浩在抖音的收场直播更是实现了单场销售额 1.1 亿元，音浪收入 335 万元。

抖音直播的特点在于：①用户群体主要集中在一、二线城市，用户文化程度多在大专学历以上，以女性偏多；②内容设计及呈现方式更高端，专注城市品质生活；③商家或个人在抖音平台上直播带货的门槛较低，投入成本低；④用户流量超过淘宝、快手等平台，且具有长尾效应；⑤目前美妆品类吸引用户较多。

4. 微信直播

2019 年 3 月，腾讯上线"微信直播助手"的公众号，并于 4 月开启微信小程序直播的内测。用户能够通过微信小程序观看直播，并可点击链接进入小程序商城购买商品，这意味着腾讯开启了微信端的直播电商尝试。2020 年 2 月，腾讯官方宣布，启动小程序直播的公测，商家可通过小程序直播打造线上经营闭环，完成私域流量的快速转化。目前，微信直播带货主要有两种方式：腾讯看点直播和微信小程序直播。腾讯看点直播是由"腾讯直播 App+看点直播小程序"组成的直播平台。其中，腾讯直播 App 是商家的开播端，看点直播小程序则是微信内部的观看端。当需要直播的主播点开了腾讯直播 App 后，就会生成一个小程序码，主播将这个小程序码推送给相关的微信用户后，吸引用户通过该小程序码进入直播间观看直播，实现与主播互动，用户点击购买链接跳转到商家自己的微信小程序、微店或其他第三方商城，完成商品的购买。微信小程序直播则是利用商家自有的微信小程序开通直播功能。商家通过直播组件自带的直播功能，可以在微信小程序中实现直播带货。微信用户则可以直接在小程序内观看直播，完成互动和购买。用户在微信小程序直播中的所有互动及交易行为都在商家自有的小程序内完成，无须跳转到其他小程序或第三方商城，完美实现了营销的闭环。同时直播带来的所有流量，也都会直接沉淀在商家自己的微信小程序中，有利于商家或品牌的长期运营和数据沉淀。由于微信直播电商的上线时间较短，目前平台的特色尚未完全体现。但我们可以根据目前微信的发展状况预测，微信直播的用户基础和用户体验应该都较为优秀。

（二）直播电商平台选择策略

1. 了解各大直播平台的规则

首先，了解各直播平台的相应规则以便选择最合适团队的直播平台。

淘宝直播平台要求商家或个人首先登录淘宝达人管理中心，入驻成为淘宝达人；发布 5 条以上的原创内容后可以申请"大 V"认证；"大 V"认证通过后可申请开通淘宝直播；商家或个人通过审核后，可以开始进行淘宝直播。

快手直播平台可以直接通过身份证认证申请直播，审核通过后就可以直接进行直播。

抖音直播平台则要求账号的用户数量达到 5 万、每条短视频点赞量超过 100 个、发布的作品内容要相对优质。满足条件的商家或个人需要发送邮件申请直播，邮件内容包括以下几项：个人主页截图、原创的短视频链接以及身份证照片。通过抖音后台的审核后，可以开始进行直播。

微信直播要求企业提供营业执照、私域流量用户累计达 500 人的证明以及个人身份证信息。

总之，各个平台都公布了详细的入驻规则，此处由于篇幅有限，不一一赘述，运营团队可下载相关文件对比分析。此外，个人用户为避免开通直播权限受限，可以选择直接与 MCN 机构合作。

2. 运营团队定位与平台尽量吻合

通过上述分析我们发现，目前主要的直播电商平台特点十分鲜明。运营团队在选择平台时，可以从主流粉丝群体和主流产品品类两个维度对比自身和平台的定位吻合度。例如，某运营团队销售的产品为农产品一类，目标粉丝集中于三、四线城市，那么这个团队适合选择快手直播平台。以此类推，当运营团队各维度的定位与平台相吻合，更容易产生规模效应、聚集效应。

3. 避开平台主流主播定位

与主流粉丝群体和主流产品品类相反，运营团队在选择平台时最好选择主流主播形象与团队主播形象不相近的平台。目前来看，几大平台的主流主播形象已经成型，运营团队的主播形象若是与这类形象相近，便难以取得竞争优势，凸显主播魅力。

四、促销计划制订

促销又被称作销售促进（sales promotion），指短期的激励活动，目的是鼓励对某一产品或服务的购买或销售。在直播电商中，促销不仅是鼓励粉丝购买产品的重要工具，也是提升粉丝活跃度和留存率的主要方法。因此，在一场直播开播前，运营团队需要制订详细的促销计划。例如，某个产品应该采取何种促销方式，特价还是送样品？再比如，间隔多长时间设置一次抽奖活动为粉丝提供福利？用于抽奖的奖品应该价值高、数量少，还是价值低、数量多？接下来，我们将对可以运用到直播电商中的促销手段，以及制订促销计划的策略和方法进行简要介绍。

（一）直播电商的促销手段

1. 样品

样品是指某产品一定量的试用品。在美妆类的直播电商中，这是一种很常见也很有效的促销工具。例如在李佳琦的直播间中，我们经常看到各类样品被整成样品包。主播会通过计算产品加上样品的总量，来突出整体上的价格优势。

2. 赠品

赠品与样品的区别在于，赠品有时候也是正价商品，而样品是专门生产的小包装产品。直播电商中，使用"买×送×"的形式能够更好地刺激粉丝的购买欲望，增强促销力度、宣传品牌气势，让产品迅速打开市场，为企业赢得稳定的利润。

3. 折扣券

折扣券有时也以现金券的形式出现，这是一种凭证，当消费者购买特定商品时，可以享受一定的优惠。在现实生活中，我们时常会听到主播这样介绍：点进链接后先领取××专属现金券，再下单购买。这是因为，一方面，直播电商使用折扣券或者现金券会给粉丝带来"专属福利"的体验；另一方面，某直播间的专属折扣券一般会在开播前就挂在商品的网店页面，从某种程度来说，这种工具也起到了引流的作用。

4. 特价品

特价品又叫减价交易，指以产品的常规价格为基础给粉丝提供优惠。特价品可以是单独包装、降价销售的产品（如"买一送一"），或者把两件相关的产品捆绑在一起（如牙膏和牙刷）。特价品常常与秒杀活动同时进行，在刺激短期销售额方面，特价品甚至比折扣券更有效。

5. 实物奖品

实物奖品是为激励购买产品，以免费的价格提供某些商品。直播电商中，主播为了保持粉丝的活跃程度和留存率，常常会在间隔特定时间段之后，或者在点赞数突破某个数量级后，随机抽取粉丝送出奖品。例如薇娅的每场直播开头都是那句"话不多说，我们先来抽波奖"。除了直播开始时抽奖，每隔一段时间她就会说"我们来抽波大奖"。从她的直播标题也能看出有抽奖的活动，例如"抽奖抽到手抽筋""送手机！送现金""红包雨"等。这就是通过不定期抽奖，吸引粉丝长时间驻留直播间。

6. 红包

部分直播间内特定时间段会有向粉丝发放现金红包的活动。红包是一种能够在最短时间内通过小成本引导粉丝关注的工具。对于刚起步的直播间而言，给粉丝发红包容易产生较好的数据。但通过红包吸引到的粉丝黏性不高，后期沉淀较为费力。

（二）直播电商促销计划制订策略

1. 时间适度

上述介绍的促销工具均属于短期刺激销售、吸引粉丝、提升留存率的工具。因此，此类工具在使用时间上需要精心设计。粉丝在观看直播的过程中，注意力处于变化状态。这个状态与观看时间、产品卷入度、主播状态等多个因素相关。理想状态下，促销工具适合在粉丝注意力减弱时使用。但由于影响注意力的因素太多且大部分难以度量，我们一般通过时间来大致估算使用促销工具的时机。实践当中，20~40分钟内就可以选择使用以上促销工具的一种。

2. 数量适度

促销工具是否使用得越多越好呢？在许多运营团队的意识中，给粉丝的福利当然是越多越好。可事实却并非如此，美国的心理学博士露西·乔·帕拉迪诺提出：刺激和注意力的关系呈现出倒"U"形。适当的刺激能够让注意力达到峰值，但过度的刺激反而会使注意力下降。因此，促销工具的使用应该适量，如果活动过多，或者某个奖品的数量过多，一方面会让粉丝麻木，另一方面会增加下一场直播的促销成本。

3. 价值适度

当采取实物奖品的促销方式时，请选择价值较高的奖品。事实上，国外的消费者行为实验室已经得出这样一个结论：对于消费者而言，只有0.01%中奖概率的宝马车的吸引力远远大于有90%中奖概率的矿泉水。这是因为直播活动时，粉丝并不会如教科书般理智、理性地计算自己中奖的概率。相反，人的内心有一种自动放大或缩小事件发生概率的心理。例如："不幸应该不会落到我头上吧？""万一我中奖了呢？"这种心理会让人自动缩小不好事情发生的概率，扩大好事情发生的概率。这种心理能够解释为什么奖品价值越高（哪怕数量越少）越吸引人。然而，一场直播中可能需要设置好几次送奖品的环节，因此我们也需要量力而行，考虑成本。因此，对于普通的直播电商而言，奖品的价值适中，100~1 000元即可。而例如实力雄厚的薇娅直播间，奖品一般不低于百元，且都是比较热门的产品，比如YSL口红、华为手机等，甚至还会有一些Gucci、爱马仕等奢侈品牌箱包。

4. 适当组合

采取上述促销工具时，可进行适当的组合。但需要注意的是，促销工具组合不可过于复杂，否则容易给粉丝造成理解各种活动的精力成本。一般来说，一场直播使用3~4种促销工具即可。

第二节　直播前硬件、脚本的准备

一、直播硬件准备

（一）直播场地准备

直播活动的场地分为户外场地和室内场地，根据直播主题进行选择。通常，产品体验、导购直播可以选择人流量充足的户外场地进行直播。选择户外场地时，要优先选择消费者购买与使用产品频率较高的场所，以拉近与观众之间的距离，加深观众观看直播后的产品印象。此外，当直播活动需要长时间占用场地时，场地负责人需要提前与场地管理方及相关部门进行沟通报备，确保直播时段场地可以顺畅使用。与此同时，场地负责人需要了解场地在安保、硬件设备、场地面积、搭建要求等方面的要求，以防止直播当天因以上问题造成直播活动的中断。值得一提的是，户外直播场地需要提前考虑当地的天气状况，一方面需要准备下雨、刮风等事件的防范措施，另一方面应设计室内备用方案，避免在直播中遭遇极端天气导致直播延期。

在实践中，直播电商的场地以室内为主。由于室内较为封闭，为保障直播质量，直播现场不宜出现较多围观群众，以避免直播时收录的杂音对直播造成影响。常见的室内直播场地有办公室、咖啡馆、店铺、住所、发布会场地等。室内直播场景设计包括场地空间规划、房间软装、灯光布置等。

1. 场地空间规划

直播场地的空间使用需要提前规划。直播场地的空间一般可以设置设备摆放区、货品陈列区和后台人员工作区三个区域。设备摆放区需根据设备大小和种类规划，以呈现最佳的直播画面效果为布置标准。货品陈列区应尽量整齐，且靠近主播的活动便于主播取用、展示货品。如在穿搭类直播间，将家具、设备摆放进直播间之前，可提前规划好样品、装饰搭配物的摆放位置，以方便主播取用、展示货品。但注意陈列货品不要遮挡直播画面。后台人员工作区建议占场地的三分之一，作为其他工作人员的活动空间。

2. 房间软装

直播场地的软装主要涉及背景选择和前景陈列。背景可以使用墙纸或者窗帘。在选购的过程中，不要选择白色或者有反光面的墙。前景产品陈列可以凸显产品特征，吸引消费者关注。但是陈列时不要让直播软件的功能键遮挡住产品或者提示牌，应调整好合适的画面位置再开始直播。此外，前景陈列要从展示产品细节角度出发，尽可能地多展示产品。

3. 灯光布置

在直播电商中，合理的灯光布置有助于实现更好的视觉效果。即便是同样的直播设备，合理的灯光布置也可以让画面更加清晰。装修直播间时一般需要考虑安装主灯和辅灯，具体数量视直播间大小确定。天花板尽量使用柔光来营造环境光，整个房间的灯光色温需要保持统一。此外，在选择主光源设备时，应重点关注设备的色温标准。一般认为 6 000 开以下的光为暖光，6 000 开以上为冷光，5 700 开为正白光，也就是日光。目前，市场上较常见的灯光色温标准主要有 3 000 开、4 000 开、5 700 开三种。针对不同的产品类目，为了凸显产品的特色，装修时房间整体灯光布局应考虑使用不同色温，具体见表6-1。

表 6-1　不同品类的色温选择

色温	适用品类	营造效果
3 000 开暖白光	美食	营造咖啡馆、酒店、家庭等环境
4 000 开冷白光	服饰（民族风、田园风）、美妆（生活妆）、珠宝、家居	营造温馨气氛
5 700 开日光灯	服饰（欧美极简、小清新）、美妆（显色）、珠宝（翡翠、钻石）	适用范围广

（二）直播道具准备

直播道具包括产品及宣传物料、提词器或提词板、其他辅助道具。

1. 产品及宣传物料

产品作为直播活动的主角，需要在直播的各个方面均有所展现。其中有直播时使用的产品、产品展示架，同时包括产品宣传海报、产品样品等一系列以产品为中心的宣传物料。提前对场地进行考察和测量，有助于制作规范、适用的产品物料。

2. 提词器或提词板

直播活动的及时性要求在直播中不能出现任何差错。在直播过程中，想要向主播提示某些关键词时，就需要提词器或提词板来配合提词。提词内容包括产品关键信息、抽奖信息、后续活动信息和向其他平台导流的台词等。一场直播内容较多，主播要讲的内容也非常多，如果不做提词难免会在直播中遗漏关键信息。

3. 其他辅助道具

根据需要准备其他直播过程中可能用到的辅助道具，例如用于帮粉丝计算性价比的书写板、计算器等。

（三）直播设备准备

1. 电源

通过手机进行直播是对手机的续航能力极大的考验，在进行正式活动直播前可通过直播进行测试，衡量某段时间的直播所耗费的电量。移动充电宝是移动直播的必备电源，室内直播则可以直接使用插线板。经实测，直播手机电量剩余 50% 左右时就必须开始对手机进行充电，以剩余电量的续航时间换取充电时间，满足后续直播用电，保障直播不因电量原因而中断。

2. 无线网络

无线网络的网络速度直接影响着直播画面质量及观看体验。室内直播时，若室内有无线网络且连接设备较少，网络质量较佳，可以选择使用室内网络进行直播。在正式直播前，要对直播所用手机进行测试，当发现无线网络不满足直播需要时，要提前解决网络问题。在室外直播时，无线网络往往无法满足直播需求。需要购买流量卡支持网络需求，目前一场持续一个小时的直播约需要 500 MB 流量。

3. 支架

直播支架包含固定机位直播支架和移动机位防抖直播支架两种。固定机位直播支架又包含单台手机及多台手机固定机位支架。单台手机直播时，可以使用如三脚架、懒人手机支架；多台手机直播时，可以使用多平台直播支架，可支持 5 台以上手机同时直播。关于移动机位防抖，可以使用手持手机稳定器或手机防抖云台进行防抖处理。

4. 补光灯

直播时多使用前置摄像头进行直播，在暗光环境下进行直播时并不能取得较好的观看效果，因此需要对主播进行补光。补光灯建议使用支持冷光和暖光两用类型的灯，同时打开冷光和暖光，避免因冷光造成皮肤过白或因暖光造成皮肤过黄的现象。直播用补光灯非常小巧，方便携带使用；而自带电源的补光灯使用更加便捷，但直播用补光灯并非专业设备，补光效果仅限 1 米左右，在进行大型活动直播补光时，还需使用专业补光灯。

5. 麦克风

摄像头或手机上均内置麦克风，但收音效果一般，容易收入杂音，影响直播效果，因此，建议主播单独购买麦克风。麦克风的类型主要有动圈麦克风和电容麦克风两种。目前常用的是电容麦克风，这类麦克风有独立电源供给，有独立支架。一般售价在 500 元左右的电容麦克风就可以满足日常直播需要。

6. 收音设备

即便是在安静的环境下，直播手机距离主播越远，手机的收音效果也会越差；如果是在嘈杂的环境下，距离 1 米以上就需要外接收音设备来辅助收音。收音设备分为两种，第一种是蓝牙耳机无线收音，目前越来越多的直播平台支持蓝牙耳机功能，直播团队可以使用蓝牙耳机进行辅助收音；第二种是外接线缆收音，适合对多人进行采访时使用。

7. 相机

相机并不出现在直播中，但是直播活动的宣传需要高清大图，因此需要使用专业相机来拍照；同时专业相机可以对现场进行视频录制，以便后期剪辑视频进行宣传。相机方面，推荐使用单反相机，若需要录制视频并后期剪辑，至少需要两台单反相机，方便固定机位全程录制、移动机位随机录制以及拍照。

二、直播脚本制定

直播脚本，指保证直播有序且高效地进行、达到预期计划的直播方案。通常情况下，直播脚本能够有效避免不必要的直播意外情况发生，是一场直播顺利进行的前提，也是直播变现的助推器。

（一）直播脚本要素

1. 直播目标

通过具体数据设置目标，可以使每一场直播的目标性更强。例如观看量要达到多少，点赞量要达到多少，进店率要达到多少，转化率及销售额要达到多少等。值得一提的是，运营的不同阶段应设置不同的目标数据。例如在前期重点设置观看率和点赞量，粉丝积累到一定数量再对进店率和转化率进行要求。

2. 直播人员

直播脚本需要描述清楚团队每个人的分工、职能及相互配合的方式。比如主播负责引导用户关注、介绍产品、解释活动规则，直播助理和直播运营负责互动、回复问题、发放优惠信息等，客服负责修改商品价格、与用户沟通订单信息等。

3. 直播主题

直播主题是用户了解一场直播的核心，整场直播的内容应该紧紧围绕直播主题展开。假如你的直播主题是宣传店庆活动，但是观众进入直播间后，发现你一直没有发送活动福利，那么很可能会造成用户流失。

4. 直播流程细节

直播是一个动态的过程，直播的流程规划需要具体到分钟，前期要在脚本上做好标注，比如8点开播，开播后用十分钟时间在直播间进行预热，和观众互动。后续的直播流程包括产品的介绍、每一个产品介绍多久等，主播要尽可能地把时间规划好并按照计划执行。

5. 产品及产品卖点

直播脚本应该记录直播中将销售的每一个产品以及介绍该产品的方式，以防止主播现场忘词。

6. 促销方案

促销方案在直播中尤为重要，直播脚本应详细记录每一个促销方案，包括活动方式、主播如何介绍、如何活跃气氛等。

（二）直播脚本示例

为了方便读者更直观地了解直播电商的脚本，直播脚本模板如表6-2所示。

表 6-2　直播脚本模板

××直播脚本		
直播主题	××村农产品推介	
主播	××县委书记	
直播时间	2020 年 11 月 20 日 19：00-21：00	
直播目标	（略）	
直播流程		
时间	事项	备注
18：40-19：00	直播准备	设备检查、方案梳理、人员到位
19：00-19：10	预热环节	自我介绍、互动
19：10-19：20	产品 1	介绍产品故事、产地、特点（详细写）
19：20-19：30	产品 2	介绍产品故事、产地、特点（详细写）
19：30-19：35	抽奖	介绍奖品、抽取方式，抽奖
……	……	……
人员分工		
姓名	职务	工作
××	××	（略）

第三节　直播前的宣传

一、直播前的规划

由于直播平台在线人数有限，为了达到更好的营销效果，在直播活动开始前，企业新媒体团队需要进行前期宣传，最好能实现"直播开始前就已经有网友进入直播间等候"的效果。虽然直播前有必要进行大力宣传，不过需要强调的是，宣传必须有针对性。企业营销直播与个人直播不同，追求的不是简单的"在线人数"，而是"在线的目标用户数"。如一款针对 0~1 岁宝宝的婴儿用品直播，必须想方设法吸引宝宝父母进入直播间；如果单纯追求在线人数而吸引 5 万名大学生观看，从营销目标的角度看没有任何价值。因此在直播前，需要设计有效的直播宣传，达到运营团队的营销目标。直播前的宣传可以从活动的平台、喜爱的形式、接受的频率三个方面进行规划。

首先是活动的平台，即用户通常出现或活跃的平台。不同的网民在互联网上有不同的活动平台，如爱读书的人一般会在豆瓣分享读书心得，爱看小说的人喜欢在起点中文网浏览，碎片化时间比较多的人会利用很短的时间翻看朋友圈或阅读微博。因此，设计直播宣传，企业新媒体团队要将研究目标用户经常活动的平台作为主要目标。

其次是喜爱的形式，即用户喜欢观看或阅读的新媒体形式。在形式喜好上，有的人喜欢看图片，有的人喜欢看文字，也有人更喜欢看视频。新媒体团队需要在直播宣传的第二步针对不同的用户喜好，设计不同的宣传形式。如果用户喜欢看图片，那么可以设计九宫格图或有创意的信息长图；如果用户喜欢看文字，那么可以撰写干货文章或有趣的软文；如果用户喜欢看视频，那么需要拍摄或剪辑相关视频，便于用户浏览。

最后是接受的频率，即用户能承受的最大宣传频率。由于用户在上网时可选择的余地很大，因此主播如果过于频繁地进行刷屏推广，很有可能会被大量用户取消关注甚至拉入黑名单。在用户承受的最大宣传频率基础上，新媒体团队需要设计多轮宣传。例如，用户能承受"两天一次广告"的频率，那么新媒体团队可以在直播开始前6天、前4天、前2天直播当天分别进行推广，以达到最优的宣传效果。

以上三个关键点的重合部分，即直播前的规划，比如用户活动平台是新浪微博、用户的喜爱形式是短视频、用户接受的频率是一天一次宣传，那么新媒体团队可以将直播前期宣传表述为"以短视频的形式在新浪微博进行连续6天的宣传预热"，然后开始分工执行。

二、开播前的宣传品制作

在完成直播前宣传规划后，需要针对宣传规划制定前期宣传品，也就是引流物料。引流物料包括海报、文案、短视频等，物料根据直播具体内容来设计。这里，我们将介绍几种常见的宣传品。

1. 海报

直播海报的设计需要包含主播、主题、时间等要素。同时，海报的元素、配色等设计最好全面围绕直播主题。在淘宝直播平台，运营团队还需要制作封面图片。封面图要做得足够清晰，能让用户一眼看懂这场直播的主要内容是什么，并且封面图的设计感要强，能给人营造一种视觉享受。

2. 文案

虽然目前信息传播的形式多种多样，但文字一直是最原始且最具影响力的形式。在进行直播宣传之前，一份优秀的文案必不可少。直播运营团队需要根据目标粉丝群体确定好文案的诉求与结构。例如，文案是迎合理性诉求、情感诉求还是经济诉求？文案的结构是让读者自己总结出结论还是直接简单明了地为读者点出结论？直播宣传前，运营团队需要根据目标群体，拟发表的渠道，将相应的系列文案都准备好。

3. 短视频

短视频即短片视频，是一种新兴的互联网内容传播方式，一般是在互联网新媒体上传播的时长在 5 分钟以内的视频。随着移动终端的普及和网络提速，短视频以短、平、快的大流量传播方式快速获得了各大主流直播平台的青睐，各类直播软件纷纷接入短视频功能。短视频内容题材更加丰富，用户的留存性更强，直播和短视频相辅相成，能够为用户提供更多更直观的内容，带来更好的使用体验，"短视频+直播"模式由此迅速兴起。数据显示，直播前的引流短视频能够为自媒体吸引更多的流量与人气，有一定福利介绍的短视频引流效果更好。例如李佳琦在邀请明星进入直播间前必定会拍一个半分钟到一分半钟的短视频进行前期引流。

三、开播前的引流方法

（一）硬广引流

在广告学理论上，硬软广告没有明确的定义，也没有明确的范围划分。更确切地说，"硬广"是广告界中所谓的行话，即硬广告的简称。一般来说，我们将宣传直播的纯广告称为"硬广"。硬广的内容明确，就是宣传或招揽粉丝，这样的内容让读者一目了然。直播电商运营团队在选取了网站、认证微博、官方微信公众号等渠道后，直截了当地将直播时间、直播账号、参与嘉宾、抽奖与惊喜等详细列出，完整地告知粉丝，并邀请其传达给自己的好朋友。

（二）软文引流

与硬广告相比，软文突出一个"软"字，即传播的内容上会有更多的包装，读者对其宣传目的不会一目了然。一般来说，软文会包装成新闻或者一篇知识型博文，读者会在不经意间或者文末才接收到有关直播的信息。值得一提的是，软文引流需要注意两个细节：第一是相关性，软文需要投放到目标用户活跃的平台或账号，否则推广效果就会大打折扣；第二是目的性，虽然是软文，但需要在文末引导用户点击直播间网址或下载相关软件。

（三）直播引流

直播平台通常有"推送""提醒"或"发布"功能，直播开始时，可以将直播消息直接推送给关注直播间的粉丝。因此，在直播开始之前，企业可以在同一直播平台进行预热，一方面鼓励观众关注，积累原始粉丝；另一方面调试软件与硬件，争取在直播正式开始前达到最佳状态。

（四）问答引流

传统的问答网站包括百度知道、搜索问问等，用户可以在问答网站获得想知道的答案，企业也可以借助问答网站，友好地回答网友问题，同时为企业做宣传。除了以上传统问答网站外，知乎问答、头条问答、果壳问答等，也都可以作为企业宣传与引流的渠道。例如，手机新品推广的直播，在开始前可以在问答网站回复"请推荐一款好用的手机""哪款手机屏幕比较大"等问题，在友好回复的同时宣传直播，引导网友前往直播间。

（五）线下引流

虽然直播营销属于新媒体营销的部分，但传统渠道的引流效果也不容小视。企业如果有线下的渠道，如产品体验店、营业厅、线下门店等，就完全可以借助线下渠道，以海报、宣传单等形式宣传直播内容，引导线下消费者关注直播。

四、开播前的引流渠道

（一）门户网站

门户网站指综合性网络媒体，包括新浪网、腾讯网等，这类网站的特点是内容包罗万象，为一般大众用户提供了所谓一站式的资讯服务。虽然目前门户网站已经不复以往风光，但门户网站在网络媒体中依旧具有相当的权威性。因此门户网站是直播开始前软文、广告的投放选择渠道之一。

（二）社交类社交媒体

社交媒体（social media）是消费者之间或消费者与公司之间分享文本、图片、音频和视频信息的一种方式。社交类的社交媒体有微博、微信、博客、论坛、网上社区等。这类社交媒体具有即时性，因此它能够促使运营团队保持创新性以及与消费者的关联性。此外，这类社交媒体的营销成本较低，影响范围较广。直播电商团队营销者可以创建或利用在线社区建立长期的营销资产，同时也可以在直播开始前进行有计划的宣传。

（三）娱乐类社交媒体

娱乐类的社交媒体以抖音等短视频平台为主流。视频之于文章，正如电视节目之于报纸，由于视频比文章更容易理解，降低了受众的认知门槛，因此越来越多的企业开始利用视频进行宣传推广。当前网民普遍生活节奏较快，没有一个小时以上的完整浏览时间，所以短视频尤其受到用户的喜欢。在新浪微博、今日头条等平台，优秀的短视频可以达到上百万甚至千万级的曝光效果。罗永浩的团队在每次直播前，都会在抖音平台用短视频进行宣传。

第七章

直播的开展

第一节 直播中的沟通及营销策略

一、产品讲解环节的观念与方法

产品讲解是每一场直播中的重要环节。主播对产品的讲解方式、讲解内容会直接影响直播的效果。因此，一位合格的主播应该了解介绍产品时的技巧和方法（所谓的"话术"），也应该了解方法背后基本的营销理论。这里，我们将先介绍产品讲解时涉及的三个主流理论观念，以及基于这些理论的产品讲解方法。

（一）产品讲解环节涉及的营销观念

1. 产品观念（product concept）

产品观念是一个自20世纪初起开始流行的市场营销指导理念。这种观念认为，消费者会偏好那些具有最高质量、性能水平和富有创新特点的产品。美国学者罗瑟·瑞夫斯提出USP（unique selling proposition 独特的销售主张）理论，便诞生于这一时期。根据该理论，主播在介绍产品时必须向受众陈述产品的卖点，同时这个卖点必须是独特的、能够带来销量的。

2. 推销观念

推销观念产生于产品过剩导致的"卖方市场"向"买方市场"转变的美国（19世纪20年代到40年代）。当时的企业意识到：即使有物美价廉、卖点独特的产品，也未必能卖得出去。因此推销观念认为，如果不用大规模的促销努力，消费者就不会购买足够多的产品。早期，推销观念通常适用于在正常情况下消费者不会主动购买的产品。

但如今这种理论观念被大量运用，也常见于目前全新技术催生的直播电商行业。

3. 营销观念

20世纪末出现的市场营销观念属于一种新型的企业经营哲学，它第一次摆正了企业和顾客的位置，是一次重大的革命。这种观念认为，实现组织目标的关键在于比竞争对手更好地了解目标顾客的需要和欲望，并使顾客感到满意。在市场营销观念的指导下，顾客导向和创造价值是通往销售和利润的必经之路。与以产品为中心的"制造—销售"模式不同，市场营销观念是以顾客为中心的"感知—反应"模式。其任务不是为产品发现合适的顾客，而是为顾客发现恰当的产品。

4. 直播电商中的营销观念评价

如果我们留意身边直播电商中主播们讲解产品的方式，会轻易发现虽然产品观念和推销观念属于"近百年"的老观念，但依旧占领着大部分主播介绍产品时的潜在逻辑。主播们会花大量时间介绍这个产品真的很好，促销的赠品真的很划算等。然而，也有大部分头部主播开始意识到营销观念在产品介绍环节的重要性。李佳琦或者薇娅常常在介绍一款产品时提到"如果你是某一类的女生，你可能不适合这个，有某某类问题的粉丝会更适合这个"等，这种提法会让粉丝感知到"主播并不是站在产品那边认为那个产品特别好，而是站在我这边替我选合适我的产品"。由此我们可以知道，在进行产品讲解时，产品观念、推销观念、营销观念是缺一不可的。但目前的主播群体营销观念较为缺失，需要进一步加强。

（二）产品讲解环节的方法

1. 突出需求导向

根据上文介绍到的营销观念，确定和了解顾客的需求是销售一款产品最重要的一步。因此，可以以"突出需求"作为产品简介的第一步。例如，当干燥的秋季来临，不少女性粉丝都存在着给肌肤补水的需求。主播在介绍一款产品时，率先点出这个需求，会引起粉丝对接下来将要介绍的产品的注意。值得一提的是，"潜在需求"是需求导向中的一个重要概念。许多粉丝并没有带着明确的产品需求观看直播，但如果主播的前期介绍能够激发出粉丝的"潜在需求"，让粉丝意识到自己也存在类似的问题，也有类似的需求的话，主播的产品介绍工作便成功了一半。"潜在需求"的开发会直接影响产品的销量。例如薇娅在介绍一款剃须刀时，不会先告知粉丝"你可以为自己的丈夫购买"，而是提醒粉丝说"这款产品很适合买给自己的父亲，因为父亲为了养育我们，可能很长时间舍不得换个剃须刀，那这时候就是我们回报父亲的机会"。这样的思路本质上是激发出了许多单身女性购买剃须刀的潜在需求，大大增加了剃须刀的适用人群。

2. 介绍基本信息

产品的基本信息是产品介绍环节必备的要素。准确、全面的产品基本信息介绍能够体现出主播的专业性，以及直播团队的正规度。一般来说，产品的基本信息包括产品的性能或功能、厂商、品牌、原材料、规格等，若是美妆及服装类产品，还包括颜色、质地等。主播在制定直播脚本时，最好将相应的信息统一记录，以免凭借记忆不断补充。值得一提的是，产品介绍时此类基本信息按照规定认真介绍一次即可，不必反复强调。

3. 推广品牌信息

虽然有的品牌商认为，通过直播电商以低价的方式快速销售产品对品牌会产生一定的伤害。但也有不少业内人士认为，通过让直播电商的主播担任品牌的"品宣官"是未来品牌传播的渠道之一。因此，在主播介绍产品时，加强向粉丝介绍品牌故事、品牌文化、品牌历史、品牌价值观等信息的介绍不仅能够让粉丝进一步了解产品品牌、了解该品牌的其他产品、建立起对该品牌的认知和信任，同时还可以减轻粉丝认为直播只是"大甩卖"的廉价感。更重要的是，这能够提升品牌方从直播电商获取到的无形资产，增强品牌方的合作意愿。

4. 突出产品卖点

根据上文介绍到的"独特的销售主张"，产品卖点是产品介绍环节中另一个重要部分，也是一个较为专业的环节。突出产品的卖点能够提升粉丝的购买意愿，但这需要主播具备一定的专业知识和总结能力。实际操作中，主播可以罗列出产品存在的优势，并用生动的语言进行描述，加深观众对产品的印象和认知，提升产品成交率。

5. 形成自我风格

主播在介绍产品时，可以在实践的尝试摸索中逐渐形成一套自己的风格。这套风格包括整体文本结构（例如"基本信息+品牌推广+主要卖点+使用体验"的结构模式）、语速、语气、常用语句，等等。文本结构方面，例如实践中较为常用的 FAB 销售法即为一套特定的介绍产品的模式。其中，F 指属性或功效（feature 或 fact），即产品有哪些特点和属性；A 是优点或优势（advantage），即自己与竞争对手有何不同；B 是客户利益与价值（benefit），即自身的优势带给顾客的利益。语速、语气方面，例如李佳琦火遍全网的"Oh，my god！"等口头禅就成为他的个人符号。粉丝基础薄弱的新手主播模仿头部主播的类似风格在涨粉上会有一定效果。但主播有一定的粉丝基础之后，最好不要模仿他人的风格，他人的模仿只会增加被模仿主播的光环效应，对模仿者的帮助有限。

6. 运用口碑

早在半个世纪以前，美国的传播学家卡茨与拉扎斯菲尔德就已经发现，口碑传播是人们购买家庭日用品最重要的信息渠道。随着互联网和移动互联网的发展，伴随着海量用户生成内容（UGC）而来的网络口碑，被多项研究证明会对消费者的购买意愿产生直接且强有力的影响。因此，在主播介绍某个产品时，可以巧妙地运用部分粉丝的口碑对其他粉丝产生影响。例如李佳琦在介绍护肤品时经常会说"用过的姐妹们可以在评论区说一下自己的感受，真的很好用"。

7. 掌握节奏

根据直播脚本，介绍一件产品的时间长度是有限的。但这段时间内介绍产品的节奏需要靠主播把握。例如如何突出产品的卖点但又不是反复强调给粉丝一种你是"推销员"的感觉，又比如如何在功能性讲解中穿插趣味性的使用经历，再比如趣味性的个人经历占比多少才会让粉丝觉得你有趣但不会觉得你只是个"段子手"。

二、主播与粉丝互动的方法与技巧

直播电商中，主播和运营团队的目的是要吸引众多粉丝来购买产品。因此，在直播的过程中，主播不仅需要吸引、留住粉丝，还需要回答粉丝关于产品的各种问题，以便最终销售产品。对于以上两个方面而言，主播与粉丝之间的互动都极为重要。接下来，我们将介绍直播电商中主播与粉丝有哪些互动方法，以及运用这些方法时的技巧。

（一）点赞及粉丝送礼互动

在淘宝、抖音等直播平台中，点赞数量多少是直播是否成功的重要指标之一。因此，主播在进行互动时可以带有引导性地鼓励粉丝的点赞行为，如告诉粉丝当点赞数超过一定量之后将有一波促销活动。此外，在抖音平台，无论是娱乐型主播还是带货型主播，刷"礼物"是粉丝和主播之间极为重要的一种互动。粉丝为主播送"礼物"后，既可以活跃直播间的氛围、带动其他粉丝，也能建立起粉丝和主播之间的情感联系，同时还可以为主播和平台带来经济收入。因此，实践中我们常看到有主播鼓励粉丝送"礼物"，或者感谢粉丝送"礼物"。值得一提的是，直播电商与娱乐型直播有着较大的差别，不同于"礼物"在娱乐型直播中较高的重要程度，直播电商以销售产品为主要目的。因此，主播不能够为了鼓励粉丝送"礼物"扰乱产品介绍的节奏，而应做到主次分明。

（二）评论互动

直播间的评论是主播与粉丝互动的主要方式。当主播在评论区与粉丝互动时，不仅可以针对粉丝的提问介绍产品，避免主播有时"无话可说"的尴尬，还能够拉近主播与粉丝之间的距离。在通过评论区进行互动的时候，主播可以使用以下方法及技巧：

1. 引导粉丝评论

为了提升粉丝的活跃度，主播可以通过设计互动话题引导粉丝在评论区进行评论。例如邀请老粉丝对店铺口碑或者以前买到的产品质量进行反馈，鼓励粉丝分享他们的偏好需求，等等。

2. 耐心回答问题

在粉丝评论区，我们常会遇到粉丝提出各种各样的问题。主播需要对涉及产品的典型问题进行回答，例如产品材质、触感、价格、链接等方面的问题。有时候一个问题可能会因为粉丝进入直播间的时间不同而被反复问到，在此过程中，主播要在脚本允许时间内有耐心、有条理地回答粉丝提出的问题。

3. 积极对待粉丝质疑

在实践当中，并非所有粉丝的态度都是积极友善的。有时，对之前购买经验不满意的粉丝会特意回到直播间来直接向主播进行投诉。由于粉丝的评论是公开可见的，负面口碑对其他粉丝的影响甚至会超过正面口碑。对待这样的情况，主播在直播中对于粉丝反映的问题，需要尽量及时提供解决方案。但如果直播时间不允许详细解释，也不宜过度纠结，以免打乱直播节奏，这时运营团队中的专职人员可以接手将问题落实。

4. 鼓励粉丝参与直播剧情

虽然直播的脚本是经过精心设计的，但并不会详细到主播的每一个动作。此时，我们应该鼓励粉丝通过评论区的评论稍微参与直播间的剧情走向。例如在主播试穿衣服时，有粉丝评论要求把衣服扎起来看看效果；又例如在李佳琦的直播间中粉丝经常会要求李佳琦展示自己的宠物狗。当要求的人数较多时，主播响应评论做出相应的行动会大大活跃直播间的氛围。

5. 安排专职客服

一场成功的直播中，粉丝的数量和粉丝的评论数量是很大的。单凭主播一己之力去回复粉丝的海量评论容易出现疏漏。如果粉丝的反复提问并没有得到主播的及时回复，主播在粉丝心目中的形象会受到一定的负面影响。而设置专职的客服人员在评论区负责回答主播遗漏的问题能够在一定程度上解决这个问题。

（三）福利互动

1. 发放直播红包

直播间观众可以为主播或主办方赠送"跑车""游艇""玫瑰"等虚拟礼物，表示对其的认可与喜爱；但此类赠送只是单向互动，其余观众无法参与。为了聚集人气，主播可以利用第三方平台进行红包发放，与更多的观众进行互动。直播红包的发放步骤分为以下几步。第一步：约定时间。主播可以告诉观众"5分钟后我们会发红包"

"晚上八点咱们准时发出红包"。这一方面通知在场观众抢红包的时间，另一方面暗示观众邀请朋友加入直播等待红包，以提升直播间的人气。第二步：平台说明。除在直播平台发红包外，主播还可以选择支付宝、微信、微博等平台作为抢红包平台，并提前告知观众。这一步的目的是为站外平台引流，便于直播结束后的指南效果发酵。第三步：红包发放。到约定的时间后，主播或其他工作人员在相应平台发红包。在红包发放前，主播可以进行倒计时，让抢红包更有氛围。

2. 赠送礼物

除了红包外，主播可以用礼物的形式回馈观众，这同样可以达到良好的互动效果。2016 年 5 月 21 日，酒仙网董事长兼总裁郝鸿峰做客《大佬微直播》，以"我眼中的电商生态圈"为主题进行分享。分享过程中郝鸿峰号召观众把直播分享到朋友圈，同时许诺现场赠送价值十几万元的 350 瓶好酒。最终由于极强的互动性，当晚直播时间 1 小时 45 分钟，在线观看人数突破 50 万人。

3. 特价秒杀

特价秒杀是活跃直播间氛围的一个重要促销工具。实践中，一旦主播宣布开始特价秒杀活动，直播间的评论数及点赞数便会有明显增长。说起"特价秒杀"，不得不提罗永浩。罗永浩在湖北专场直播中以 1 分钱 5 斤的包邮价格出售秭归春橙，每人限购一份。活动开启后，12 万份橙子瞬间卖完，观看直播的人数也瞬间多了近 20 万人。值得一提的是，不管是哪种形式的秒杀，既然是想通过"实惠"吸引用户，通过"让利"使用户心动，那么你的实惠和让利就必须是实实在在的，而不能弄虚作假。如果秒杀的价格和你秒杀前的价格没有很大区别，那么，秒杀也就失去了意义。更糟糕的是它可能还会使你在粉丝心中的形象大打折扣。

第二节　直播中的引流策划

一、站内引流策划

对于一场成功的直播带货而言，一定基础的粉丝量及活跃度是基本保障。因此，直播过程中如何吸引粉丝进入直播间，是决定一场直播成败的重要议题。下面，我们将介绍几类站内引流策划。

（一）主播积极互动

在所有引流方式中，主播积极互动是最为辛苦却最为基础的办法。当有用户进入直播间，主播就必须尽量展现出最佳的互动仪态，包括响应粉丝的要求对产品进行试穿或试用，以及注意自己互动时的表情和动作。有时候，同样一个试穿的动作可能会被不同粉丝在不同时间多次提出，主播需要有足够的耐心认真地对待。此外，当直播间的粉丝基数没有庞大到让主播顾及不暇之前，主播应尽量不时地向新加入的粉丝表示欢迎，以及向赠送礼物的粉丝表示感谢。同时，主播不妨在互动过程中多展示自己的风格、特色等。

（二）连麦 PK

目前，许多主流的直播电商平台均有连麦 PK（对决）的功能，这个功能能够聚集两个直播间的粉丝人气，同时还能起到 1+1 大于 2 的效果。具体来说，直播电商的主播连麦 PK 主要采用种草模式，获得更多加入购物车次数的主播即为胜利。主播号召直播间观众点击图中的加入购物车按钮，把宝贝口袋中的宝贝添加至购物车即可为主播加分成功。单个观众在单次 PK 赛中可以为主播加购 30 次，每次可以加 3 分。连麦 PK 游戏开始后会有 1 分钟的倒计时准备环节，主播可以和直播间的观众们口播这次 PK 的玩法，或是和对面主播打招呼，约定这次 PK 胜利或失败的惩罚，惩罚一般为发红包或者才艺表演。1 分钟的倒计时结束后，真正的 PK 就开始了，整体 PK 时间为 5 分钟。实践中，连麦 PK 能够快速增长直播间的人气，增加主播知名度。

（三）促销活动

促销活动也是提升直播间人气最直接的方式之一。主播可以运用样品、赠品、折扣券、特价品、实物奖品、红包等促销工具吸引用户，增加直播间的粉丝数量。值得注意的是，促销活动应尽量根据直播前准备的脚本进行，但也可以给主播一定的权限让主播根据直播间的情况随机应变。值得注意的是，促销活动涉及的产品一定要有品质保证。

（四）明星造势

实践操作中，我们经常在主播的直播间看到明星的身影。比如，2019 年，李佳琦在进行直播时，就曾邀请了包括韩红、胡歌、朱亚文、林更新在内的许多明星前来助阵。而但凡是有明星加入的直播，人气都会提升不少。除了邀请明星助阵外，如今许多明星本人已经加入了直播带货的阵营，成了主播中的一员，比如李湘、伊能静等。有着高关注度和个人号召力的明星本身就是流量的中心，而当主播自身所带的流量和明星的流量结合在一起时，就会产生神奇的效应，变成转化率更高的流量。所以，要想提升直播间热度，借助明星的热度来造势也是很好的方式。当然，对于大多数新手主播而言，要想争取到与明星合作的机会还是比较困难的，所以此方式较适合已有一定影响力的主播借鉴。

（五）付费推广

基本上所有的直播电商平台除了开通直播及电商服务外，还开通了推广服务，以便提升直播间的流量。例如"DOU+"是抖音直播平台为用户提供的一款付费推广工具。这个工具能够高效提升视频播放量与互动量，提升内容的曝光效果，满足用户的多样化需求，如图 7-1 所示。对直播运营团队而言，"DOU+"能够让更多用户看到你的直播状态，围观你的直播间。系统会根据团队的投放目标进行系统职能投放以增加直播的曝光度。目前，100 元的"DOU+"的助力可以换取 5 000 人次的播放量，但是除了播放量外，视频的点赞、评论、转发、转化是不受控的。

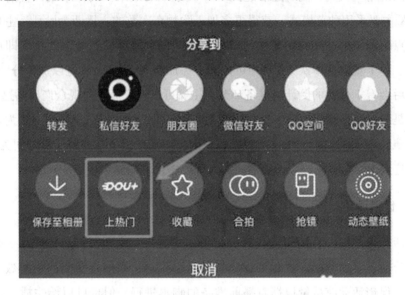

图 7-1　抖音的流量推广功能"DOU+"

淘宝直播平台则在"超级推荐"和"淘宝直通车"中投推出了直播推广服务。超级推荐中直播推广一共推出五种计划，分别是：①增加观看，即以增加观看数量为目标；②智能投放，即按团队能接受的费用设置预算，系统根据预算进行智能推送，团队可以根据每次推广的效果数据调整推广费用；③自定义，即团队自主设置定向人群、出价、资源位溢价等推广要素；④直播中控台-直播推广计划，即类似于智能投放，但增加了平台精选人群，因此投放效果会更好；⑤直播流量保障计划，即直播运营团队自主设置投放时间、人群和展现量，系统通过设置的人群和展现量计算出需要的费用，提前一天把计划创建好，交好费用。第二天开始投放，投放期间无法修改人群属性，只能调整创意。

淘宝直通车是为专职淘宝和天猫卖家量身定制的，按点击付费的效果营销工具，为卖家实现宝贝的精准推广。它是由阿里巴巴集团下的雅虎中国和淘宝网进行资源整合，推出的一种全新的搜索竞价模式。目前，淘宝直通车针对淘宝直播现已开定向通直播推广功能，在直播推广时间上包含"始终推广"和"直播结束则推广结束"。始终推广即在主播直播阶段，以及在直播结束后进行持续引流。主播在一场直播结束后，还能继续利用直播间视频讲解的回放片段作为视频落地页进行投放。消费者搜索后，点击广告就能看到商品的回放视频，促使有高购买意向的消费者进行购买。直播结束则推广结束，即在主播直播阶段进行引流，适合需要大量拉取新客的店铺，可以直接增加直播间的观看人数。

二、站外引流策划

除了通过站内引流策划提升直播间的人气以外，通过站外运营来吸引粉丝也是提升直播间人气的一大重要渠道。而站外引流策划主要聚焦于"社交媒体"这一新媒体类别。社交媒体既包含了用户生成的内容，又包含用户间的关系，并且通过社交媒体中的内容建立和维护用户间的关系。社交媒体允许人们生产信息、分享信息，并通过评价、讨论等方式筛选和传播着有利于使用者的信息。它有众多具体的类型或应用，这些社交媒体应用，可以作为单独的平台存在，如微博、微信等，也可以附加或整合到其他应用或服务中去，如京东、亚马逊等电子商务平台或大众点评等分享类应用。它们都或多或少地体现了社交媒体的元素。介于社交媒体以上内涵考虑，通过社交媒体提升直播间的数据指标是最为理想的方式。这里，我们将就几种主流的站外引流策划进行介绍。

（一）微博

直播过程中，主播或者运营团队可以在微博平台分享直播过程中的新鲜动态，包括鲜少出现在直播平台的品牌、拥有许多潜在消费者的明星产品、来到直播间做客的明星、直播间马上进行的促销活动等。一般来说，微博文案和图片应该在直播前期编辑准备完毕。当直播快要进行到相应阶段时，发出微博进行引流。引流微博需要附带上直播链接，且最好附加上转发能够抽奖的促销活动。值得一提的是，此处的促销活动并不是直播间内的促销活动，而是独立于直播间，为引流而设计的促进转发及评论的活动，主要用于放大社交平台的裂变效应。此外，如果直播间邀请到了其他有一定影响力的网络红人或者明星，那么邀请对方发布微博也能够带来一定的流量。

（二）微信

与微博不同，定位于熟人社交的微信是一种强调传递信任感、影响力、情感支撑的"强关系"社交媒体。微信并不像微博那样因为信息的"公共性"而具有强大的大众传媒属性，它侧重的是人际传播和群体传播，这一点从微信朋友圈和微信群两个分享入口可以显见。虽然没有匿名性保护下微博上的"众人狂欢"，但受众在使用微信时会获得更强的心理认同感。因此，微信引流的效果虽然范围不够广，但信息传达率和接受程度较高。值得一提的是，针对微信"原创内容+推送"的营销模式，微信推送的文案最好带有微信账号主人个人的特色以便体现"原创"，不要给人留下一种"他被迫转发了公司的广告"的感觉。

（三）短视频平台

近几年来，快手、抖音等短视频社交应用在国内的发展极为迅速，其新颖的传播特点与适时的社交方式使它们在不经意间就积累了大量用户。与此同时，短视频平台的商业价值也在逐渐显现，很多直播电商的营销团队已经开始在这些平台进行探索与尝试。实践证明，通过短视频平台向直播间进行引流有比较明显的效果。值得一提的是，与微博文案一样，引流短视频可以是提前设计、拍摄、制作的，也可以是剪辑直播过程中的精彩片段、设计的话题等。

（四）相关论坛及社区

论坛即电子公告牌，也叫网络社区、BBS。论坛是互联网诞生之初就存在的形式，它作为一种网络平台，愈来愈焕发出它互动、交流、影响传播力强的活力和魅力。对于直播运营团队来说，因为目前论坛及社区的发展非常成熟，内容及功能分类清晰且用户特色、需求划分明显，团队能够很快找到目标潜在粉丝所活跃的板块。因此，团队可以通过相关的论坛及社区进行引流。需要注意的是，分析目标用户群体特征，是进行论坛引流最重要的方法。我们可以通过互联网上百度等提供的免费大数据对某论坛进行用户画像分析，确定要不要进行引流以及通过何种文案引流。

第三节　直播过程管理

一、直播现场管理

直播中难免会遇到突发情况，这时除了依靠主播临场的应变处理之外，还需要直播团队针对各类突发情况做好预案准备工作。

（一）直播中的硬件问题

1. 卡顿

直播卡顿会造成直播的画面不流畅、画面和声音不同步的现象，这往往会让观众有不舒适的观看体验，进而导致其退出直播间。所以，保持良好的直播流畅度是一场直播的基础。若是由于设备配置太低导致的卡顿，可以通过提升计算机的配置改善这种情况（有长期直播需求的主播，建议使用英特尔处理器）。针对网络环境不佳的情况，需要直播团队预先改善网络环境，建议采用 50 兆及以上的光纤宽带，同时一个 Wi-Fi 建议只供给一台直播设备。

2. 黑屏

当黑屏情况出现在计算机端时，点击推流按钮即可。当黑屏情况出现在手机端时，一般是由于手机的摄像头被其他 App 占用或启动太多 App 导致手机运行卡顿，这时就需要手动关闭一些无关 App，重新打开直播 App 而恢复直播。如果重启直播 App 后仍然黑屏，就要检查网络情况，查看网络环境是否正常。

3. 闪退

闪退是指直播过程中，软件意外自动关闭，或者打开软件就自行关闭。造成这种情况一般有两个原因：一是手机内存不足，二是 App 更新后不稳定。内存不足首先需要先清理手机内存，之后重新打开直播程序，恢复直播。App 不稳定的情况一般会出现在每次直播 App 更新后，导致直播闪退，可以重新打开程序，尝试恢复直播。若还是频繁闪退，就需要将有关问题及时反馈给直播平台方，寻求解决方案。

（二）直播中产品链接常见问题

1. 产品链接失效

产品链接失效一般是由商家的商品下架导致的。部分商家特别是美妆类商家会将优惠活动的商品放在小链接中提供给主播，这类链接不会 24 小时有效，需要主播与商家进行对接，在失效后让商家重新提供链接。

2. 产品优惠额度不一致

在直播过程中，商家给粉丝提供的优惠与主播在直播中宣传的优惠不一致。此时需要分情况处理。若是商家在直播时给出的优惠大于之前与主播协商的优惠，主播可以让粉丝向商家报出主播名称，先拍下商品，但不要付款，经协商后如果商家要求补差价，则告知粉丝根据自身的接受程度决定是否付款。若是商家在直播时给出的优惠小于之前与主播协商的优惠，此时处理方式与第一种情况相同，先让粉丝拍下商品，但不要付款，跟商家协商后确定最终优惠额度。不宜因为某款商品的优惠信息错误而暂停或阻碍直播进程，以免给粉丝留下不好的印象。

3. 粉丝无法加群

粉丝无法加群是因为粉丝拥有商家身份，遇到这种情况，只需要让粉丝自查是否为商家身份即可。

4. 粉丝互动不可见

遇到粉丝发言对主播和其他用户不可见的情况，通常是粉丝的账号或者发言的内容存在违规问题，此时就需要主播耐心地向粉丝解释，并说明看到粉丝的留言后会立刻回复。

5. 商家问题

遇到商家优惠取消、客服无人回复、优惠券无法领取等情况，主播应主动与商家协商解决，若无法解决，也要站在粉丝的立场维护粉丝利益，切忌将商家的错误揽到自己身上。

二、直播危机公关管理

主播在直播过程中，不可避免地会出现一些意外、口误等所谓的"翻车"情况。有时，这类失误会造成比较严重的影响，对直播运营团队、主播、品牌都造成一定的伤害。因此，直播过程中我们需要进行危机公关管理。

（一）直播危机公关原则

危机公关是指机构或企业为避免或者减轻危机所带来的严重损害和威胁，从而有组织、有计划地学习、制订和实施一系列管理措施和应对策略。企业通过这些解决策略和方法，来挽回社会公众对企业的信任，获得公众谅解，从而化解危机的行为。危机公关包括危机的规避、控制、解决以及危机解决后的复兴等不断学习和适应的动态过程。游昌乔教授经过多年研究，独创性地提出危机公关"5S"原则，在直播出现问题时，我们也可以考虑使用这些原则帮助团队转危为安。

1. 承担责任原则

危机发生后，两方面的问题一般最容易受到公众关注：一是利益问题，如谁为受害者负责、责任方是谁；二是感情问题，公众很在意自己的感受是否受到关注。首先关注公众深层次的心理、情感问题，赢得公众的理解和信任对于解决危机至关重要。因此，当危机发生时，处理危机的主体是否能够表现出将公众的利益放在第一位的态度、达到公众对危机事件处理的心理预期至关重要。

2. 真诚沟通原则

危机发生了，虽然危机事实不可改变，但可以改变的是公众对危机的看法。危机沟通的作用是帮助公众理解其生命安全、感觉和价值观的事实，让他们更好地理解危机，并做出理智的决定。因此企业或团队必须真诚主动地与公众沟通，向公众说明事实真相，促使双方相互理解，以达到消除公众的疑虑与不满的效果。

3. 速度第一原则

从传播的视角来看，危机是从少数人到多数人知道的过程。而从管理的角度讲，危机是从量变到质变的过程。因此，危机处理主体必须迅速反应、当机立断、果断行动，主动与媒体和公众沟通，以达到迅速控制事态和信息发布主动权的效果，否则就会扩大危机的影响范围，甚至可能丧失对全局的控制。因为危机发生后处理危机的关键就是能否在第一时间控制住事态，避免事态扩大、升级和蔓延。

4. 系统运行原则

危机管理不可顾此失彼，必须系统运作。只有系统运作才能透过表面现象看到本质问题，创造性地解决问题，趋利避害。危机公关的系统运作有利于第一时间发现、搜集信息，并对信息进行归类、整理、评估、记录，向各个部门提供客观的、关键的信息，并上报决策层，从而开展有效的、系统的公关活动，加强与公众间的交流沟通。

5. 权威证实原则

在危机发生时，危机处理主体要请权威性的第三方来说话，帮助澄清事实，消除公众的怀疑心理，赢得信任。例如可以发挥和运用新闻媒体的权威传播功能、争取权威机构出来发言。

（二）直播危机公关策略

出现直播危机以后，除了要掌握危机公关的原则，还需要了解危机公关的一些具体策略。下面，我们将就直播危机公关的一些常见策略进行简要介绍。

1. 设置专业的危机公关专员

自媒体时代，媒体平台庞大、网民数量数以亿计，直播运营团队想要在最短的时间内解决危机，必须由专业人员进行科学的运作。专业的危机公关人员的职能包括：①监管直播现场，及时制止主播及其他工作人员一切不当的言行；②监测自媒体平台上关于直播团队话题内容的细节，实现全媒体监控，直接控制核心传播渠道；③对外宣布经过整个危机公关小组成员协商后的危机公关决议；④跟自媒体建立良好的公关关系，需要与媒体建立良好的沟通形式，定期跟媒体进行交流、沟通，从而在处理危机事件的过程中得到媒体的信任与支持。

2. 以最诚恳的态度向公众及媒体机构致歉

在绝大多数情况下，直播出现危机都是因为激起了媒体和公众的愤怒情绪或者敏感神经，才会使得事件不断发酵；媒体和公众的质疑持续加深，才会使得突发事件演化成为一场网络灾难，给直播运营带来致命打击。因此无论事件大小，只要有危机爆发，运营团队就要敢于面对媒体和公众，以最真诚的态度向媒体和公众致歉，获得多方的原谅至少可以保证逐步平息媒体和公众的愤怒情绪。例如知名主播李佳琦在邀请女明星杨幂来到直播间时，因一时口误发表不当言论在互联网上引起极大不满。事后，李佳琦及时在微博上正式道歉。

3. 立即采取措施解决问题

如果仅仅是公布事件的发展状态，不断向公众道歉，这对于消除网络危机还远远不够，因为事件一旦爆发就可能触碰各方面群体的利益，必须合理地化解矛盾，给出最佳的问题解决方案。2019年"双11"前期，李佳琦在直播间展示一款不粘锅时"翻车"，展示的产品明显粘锅。一时间，"网红卖假货"的舆论铺天盖地。11月2日，李佳琦就此事在各大媒体平台上做出了正面回应，解释在直播间煎鸡蛋出现粘锅的现象，是因为在他在使用这款不粘锅时，没有按照说明书上要求的来做，即缺少"使用前先放入水，煮沸后倒掉水"的"开锅"步骤导致；并且在当天下午，李佳琦向记者展示了锅具说明书并且在现场同时使用旧锅和新锅做实验，实验结果显示，旧锅无油煎蛋不会粘锅，但新锅无油是会粘锅的。由此看来，在直播电商的危机公关中，第一时间诚恳的道歉是必需的，但光有道歉也是不够的，而必须对事件进行合理解释以及提出相应的改进措施。

4. 合理利用评论消除余波

危机公关是一种无奈之举，因为危机公关大多发生在事件爆发之后，所以很多信息已经通过媒体平台高速大范围地散布开来。有时候尽管运营团队可能已经对问题做了全面、认真的改进，同时也得到了权威机构的认可，但是仍然会有很多公众无法获悉其中的详细情况，导致这种负面影响一时难以挥散。所以团队可以考虑合理利用评论，在一段时期内对事件进行正面引导和评价，帮助团队在一定程度上消除突发事件带来的负面余波。

第八章

直播的后期完善

第一节　订单处理

一、直播订单处理流程

处理在直播间接收到的订单是直播售后的重要组成部分。为了有效地提高订单交易成功率，直播运营团队需要采取标准的订单处理机制。直播订单处理流程主要包括订单确认、订单分配、订单发运和订单收款四个环节。

（一）订单确认

在主播直播结束后，直播运营团队需将直播间的订单导出汇总处理。若当场直播是直播间与某线上店铺的合作，店铺的客服将通过线上联系或电话联系的方式向客户确认订单信息。若当场直播销售的是直播间自营商品或者合作方是线下商店，确认订单的任务将由直播运营团队的工作人员完成。确认内容主要包括客户填写的收货地址是否真实有效，以及商品的相关信息是否准确。针对第三方平台支付订单和款到发货订单，主播还需要通过支付系统后台或银行账户系统确认客户的支付信息，以确定是否成功到款。信息存在错误或无法核实的订单将被视为无效订单，主播可以通过后台系统对其进行取消。

（二）订单分配

订单确认无误后，团队便可以进行货物准备，并进行下一步操作，即把订单分配给物流部门或不同的物流公司发货。第三方平台支付的订单需要主播自行打印电子面单，货到付款和款到发货的订单则由物流部门或物流公司根据订单信息出具电子面单。这里需要注意的是，拥有多家网络店铺的主播需要对应多家店铺订单，如果每家店铺都出具电子面单，不仅管理比较麻烦，成本上也不划算。此时可以使用打单工具来进行统一的管理。比如，有淘宝店铺的主播可以通过【旺店宝】-【打单发货】-【打单设置】的进入路径，选择【关联店铺】功能即可实现多店铺相互关联。主播只需要登录一个卖家账号，就可以管理多家店铺订单。一家店铺开通电子面单，多家店铺共享，提升统计结算的效率；同时也便于快递对账，查询异常件，以此大大提高订单处理效率。

（三）订单发运

确认电子面单信息后，物流部门或物流公司将发运货物。已有大量研究显示，网络购物时消费者所感知到的物流服务质量会显著正向影响顾客满意度与顾客忠诚度。物流服务质量包括"网站订单处理的速度"。因此，日常订单发运应严格按照发货时间执行，尽量做到当天订单当天发货，因为不发或者晚发容易引起客户不满，对接下来的售后工作开展和客户维护工作都十分不利。

（四）订单收款

订单收款主要有货到付款（包含第三方平台支付到款）和款到发货两种处理方式。在收到货款的情况下，如果主播所在店铺有单独的财务部门，付款确认通常由财务人员完成，否则需要主播关注这一环节。订单收款环节是整个订单处理过程中一个相对独立的环节，它不依赖于其他任何环节，只要确认为有效的订单，就可以跟踪和处理其收款情况，因此需要确保该项工作执行人的专业度和责任感。款到发货订单的订单收款环节在订单确认环节之前完成。

二、订单售后技巧

良好的售后服务是巩固客户群体、实现可持续经营的必要条件。对直播带来的订单而言，主播及其团队在提供订单售后服务的过程中应注意以下几点。

（一）与客户保持联系，及时回复客户消息

除了直播间里的互动，直播团队或者线上合作店铺的客服应与客户保持联系。直播电商的后续订单处理可能因管理不到位发生各类突发情况，顾客的反馈是运营团队获取到此类信息的重要渠道。因此，直播团队或者线上合作店铺的客服应随时关注客户的反馈。除了及时回复客户有关产品适用、安装的咨询外，当有客户反馈商品与直播中的宣传不符或者未在规定时间内送达时，客服应该及时向客户表态并及时处理。

针对过错在主播或平台的问题，主播及其团队应在 24 小时内予以回复并提出解决方案，在 48 小时内对客户做出补偿，以最大限度地挽回客户对产品的信任。

（二）跟进二次服务

二次服务是针对曾经在店铺购买过商品的客户进行的后续跟踪服务，这类服务主要涉及退货或者退款订单。如果客户退货原因不涉及商品质量问题或使用问题，主播及其团队应先解决客户问题，安抚客户情绪，尽量挽留客户，说服客户不退货。如果客户确定不要商品，主播应及时处理退货申请，帮助客户尽快完成退货退款流程，降低客户的购物成本（时间、精力、感情等）。在此过程中，客户可能因为被再次服务而感受到主播的诚意，从而提升客户的"回头率"。

（三）提供与商品无关的服务

必要时主播及其团队还可以为客户提供售卖商品以外的服务，如商品相关信息的查询、其他配套商品的购买地址，以及商品的延伸使用方法等。通过这些服务，主播可以与客户建立起朋友般的信任感，从而提升客户的"回头率"。

（四）定时查看客服聊天记录和商品评分

主播及其团队应每 2~3 天抽查客服聊天记录，查看客户的评价反馈，以便及时改进相关服务。例如，主播及其团队可以每周（具体周期视工作量来确定）组织召开聊天记录的分享会，以典型案例来补充、规范售后话术技巧；可以定时排查店铺架上评分低于 4.8 分的商品，关注客户收货情况及对产品的评价情况等。

（五）推送后续店铺活动

对于营销而言，维持一位老客户的成本要远低于获取一位新客户。因此，团队应该积极挖掘曾经在直播间购买产品的客户群体价值，安排针对老客户的优惠及促销活动。主播可以将直播安排和店铺活动结合起来，及时把店铺活动信息通过直播介绍给客户，引导客户在店铺活动期间多下单。直播中可重点推荐评价多、评价好的商品，利用店铺活动增加订单。

第二节　直播数据分析

一、数据分析的意义与作用

与传统的电视购物频道相比，互联网平台直播带货的用户数据是可控与可视的，这也意味着我们能够通过分析数据的方式来衡量直播的效果。在业界，直播数据分析被视为"复盘"的一部分。所谓"复盘"，是指在直播活动结束后，主播及其团队对此次直播活动的各项数据进行回顾、分析、总结，查找差距、弥补不足、积累经验，确定后续整体直播的节奏，优化直播效果的过程。没有一场直播是完美的，每场直播都有值得反思的地方，尤其是对于刚刚涉猎直播的主播来说，复盘更是不容忽视。一般来说，分析直播数据能够起到分析现状、找出原因、预测未来三个作用。

（一）分析现状

直播电商的数据是具有一定描述性的，这些数据能够体现出每一场直播的观看情况、互动效果、销售成绩等。因此，做数据分析的基本目的就是分析现状。对直播电商市场的整体情况、运营团队和竞争对手的每一场直播等进行描述性统计，能够直观地掌握团队的运营情况、市场份额的变化情况等。

（二）找出原因

对于直播运营团队而言，哪些因素会影响直播效果是值得关注的首要问题。当团队开展了一段时间直播并获取到大量相关数据后，可以通过对面板数据进行分析，找出营销互动效果或者销售业绩的关键变量，且能够通过统计学的运算手段得到每个影响变量的影响强弱程度。例如，直播的时间段会对观看人数产生多大影响？天气是否会对销售业绩产生影响？品牌和折扣程度对消费者购买意愿的影响哪个更大？完成一系列数据分析后，就能够找到直播数据变化的原因，从而更科学合理地设计直播方案。

（三）预测未来

对于每一位直播运营人员而言，用数据分析来预测未来行业的变化趋势是常用的手段。直播运营人员可以根据数据结果判断直播产品复购的增长率。比如，在某次直播中，某件产品的直播转化率很高，那么在下次直播中，就应以这件产品为主打品，从而为直播带货带来更高的转化率。在某些情况下，直播运营人员还可以通过数据推测平台算法，找到其中的规律，对直播内容做相应调整。俗话说："知己知彼，百战不殆。"直播运营人员要充分利用数据分析的方法来了解自己、了解竞争对手，及时调整直播策略，方能运筹帷幄。

二、数据分析的研究对象

直播电商的数据分析并非对所有数据进行分析，在了解直播电商的数据涉及哪些专业指标后，我们将对直播大盘数据、直播效果数据、目标用户数据、口碑数据、竞争者数据进行分析。

（一）基本指标

1. PV

PV 即 page view，指的是直播间浏览量，常称为流量。直播间每被浏览一次，就产生一次 PV 流量。但是，PV 并不直接决定直播间访客数量，PV 高也不一定代表访问直播间的客户数量就多。一个客户（一个独立的 IP 地址）通过不断刷新页面也可以制造出非常高的 PV，因为他每刷新一次页面，就会产生 1 次 PV；刷新 100 次页面，PV 记录就是 100 次。

2. UV

UV 即 unique visitor，指独立访客数，也就是单次直播活动中通过各种途径访问直播间的客户数量。与 PV 不同的是，一个客户（一个独立的 IP 地址）访问直播间只产生一次 UV，无论他刷新多少次页面，反反复复多少次进入该次直播活动，UV 记录都是 1。值得一提的是，整场直播的流量总 PV 和总 UV 非常重要，显示了直播受欢迎的程度。

3. 驻留时长

粉丝的驻留时长可以从侧面反映直播间热度、粉丝活跃度及内容专业度。驻留时长的计算方法为：粉丝驻留总时长＝［直播总时长（单位为秒）／总 UV］×平均在线人数；粉丝平均驻留时长＝直播总时长（单位为秒）／总 UV。粉丝在直播间驻留时长越久，同时主播的内容越能吸引粉丝和客户，说明直播间售卖的时间也越久，相应的直播间的下单转化率也就越高。

4. 粉丝回访次数

粉丝回访次数即直播活动中粉丝进出直播间观看直播的次数。这在一定程度上可以反映出直播活动及内容的吸引力，也影响着直播间的复购率、转化率等。

5. 粉丝互动频率

粉丝互动频率即直播活动中与主播进行交流的人数与已关注主播的人数的比值，计算方法为：粉丝互动频率＝互动人数／粉丝总数。粉丝互动频营销越高，说明直播间粉丝活跃度越高，直播间氛围越好；反之，则说明直播间场面冷清。

6. 取关粉丝数

取关粉丝数是直接影响直播间数据权重的一项数据，可用累计粉丝数量减去现有粉丝数量求得。

7. 粉丝画像

粉丝画像即根据粉丝年龄特征、性别特征、职业属性、粉丝习惯及偏好、粉丝行为等信息而抽象描述出来的标签化粉丝模型。例如，淘宝粉丝画像以三四线城市宝妈、学生、女性人群为主。粉丝画像是主播设计有效营销活动、开展针对性营销的重要依据。

8. 粉丝回访时段

粉丝回访时段就是粉丝的消费时段,在这些时段开播,观看直播的粉丝数量可能会比较多,粉丝的回访率和直播间的转化率也较高。

9. 粉丝转化率

粉丝转化率即直播间客户转为粉丝的人数和直播间客户人数的比例,即粉丝转化率＝直播间内成为粉丝的客户/直播间内总客户人数。

10. 下单转化率

直播间下单转化率能清楚地反映直播效果与产品吸引程度。下单转化率的计算方法为:下单转化率＝下单成交客户数/UV。了解这些基础数据之后,主播可以更清楚地了解直播间客户的消费习惯,能够更有的放矢地去做好直播内容。

(二)直播大盘数据

直播大盘数据是指整个直播行业的排行及各种指数,能够科学地反映整个直播市场的行情。直播大盘数据主要包括主播排名、大盘数据转化、主播活跃度、地域分布和产品信息等,部分直播平台(如抖音直播平台等)官方就会汇总给出该数据,主播可直接查找观看,也可从某些第三方数据平台(如直播眼、知瓜数据、灰豚数据等平台)中获得该类数据。通过了解直播大盘数据,主播能更清楚地了解各主播的排名动态(排名靠前的直播行业情况、直播间活跃度、粉丝数等)、观看直播的人群特征(如年龄段分布及性别比例等),以及直播行业的实时动态(如直播排名靠前的相关商品类目等)。图8-1为2020年8月20日"直播眼"平台抓取的30日内直播电商的全网数据。图8-2为同一天"灰豚数据"抓取的30日内行业流量数据。

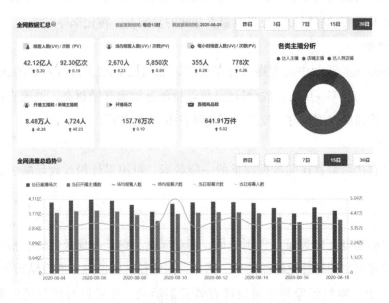

扫描二维码,
查看彩色大图

图8-1　"直播眼"抓取的直播电商全网数据

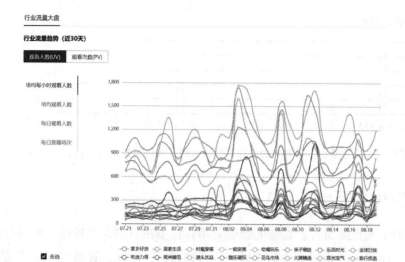

扫描二维码，
查看彩色大图

图 8-2 "灰豚数据"抓取的直播电商行业数据

（三）直播效果数据

带货类直播间的直播效果数据包括观看效果数据（UV、PV）、互动数据（点赞数、评论数）、销售数据（交易件数、成交额）。图 8-3、图 8-4 所示为"直播眼"于 2020 年 8 月 20 日抓取的薇娅直播间七天内的七场直播效果数据。

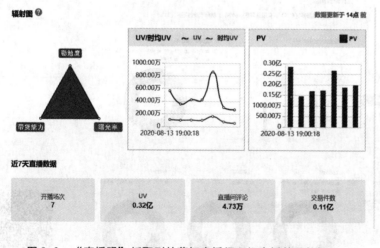

扫描二维码，
查看彩色大图

图 8-3 "直播眼"抓取到的薇娅直播间七场直播效果数据（一）

单场预估销售额/亿元

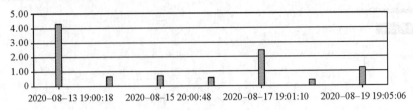

图 8-4 "直播眼"抓取到的薇娅直播间七场直播效果数据（二）

（四）目标用户数据

对于娱乐型的个人直播而言，直播电商运营团队仅关注直播人气即可，参与直播的观众越多越好。而直播电商需要借助直播实现营销目的。因此，直播电商需要关注的不只是参与人数，更重要的是观众的精准度及有效性。一场有 10 万名不相关用户参与的直播，从营销层面来看，其效果不及 1 万名精准用户参与的直播。直播电商运营团队可以通过直播平台互动数据分析、页面浏览数据分析、问卷抽查数据分析三类方法，对目标用户数据进行获取和分析。目标用户数据分析一般涉及粉丝属性、年龄、地域、性别、生活习惯、偏好的产品目类等。图 8-5 为某直播电商运营团队的用户分析。

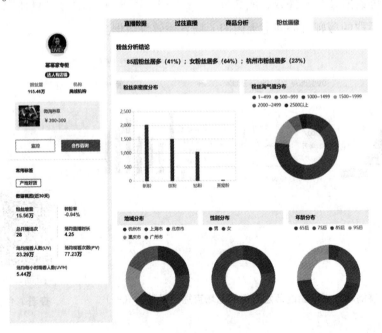

扫描二维码，
查看彩色大图

图 8-5 直播电商目标用户分析示例

（数据来源于"直播眼"平台）

（五）口碑数据

在新媒体时代，消费者的口碑不仅具有巨大的传播作用，还对其他消费者的购买意愿有着深远影响。对于依托新媒体基数的直播电商而言也是如此。在直播电商中，用户口碑数据包括了用户的群体态度、情感、感兴趣的话题等。直播电商运营团队通过对直播电商口碑数据进行分析，能够找到直播运营团队的优势与缺点，以及消费者真正感兴趣的领域。图8-6为薇娅直播间2020年8月的一场直播的口碑数据分析示例。

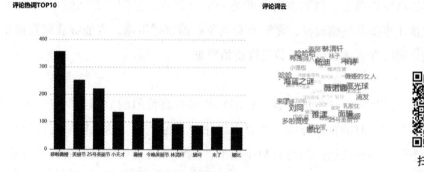

扫描二维码，

图8-6　直播电商口碑数据分析示例
（数据来源于"灰豚数据"平台）

查看彩色大图

（六）竞争者数据

直播竞品数据指的是与自己经营同类商品的主播的有关情况。主播需要选择适当的竞争对手进行分析，如同时段开播、同标签、同产品定价、同等级流量的主播。通常，主播需要分析的直播竞品数据包括主播个人流量情况、同时段主播数据、主播个人销售转化、同标签主播数据、同期主播数据、同产品主播数据、同等的流量主播数据和指定主播数据等，基于这些数据分析确定与自己相匹配的竞争对手，进而取长补短，促使自己不断提升直播能力。

三、数据获取及分析工具

直播电商数据分析的第一步在于掌握抓取数据以及分析数据的工具。接下来，我们将对目前比较主流的工具进行介绍。

（一）数据获取工具

1. 直播电商平台后台系统

目前，直播电商平台基本都提供后台数据查询服务。以淘宝直播为例，运营团队可以直接在电脑端直播中控台查看相关数据。或者在"生意参谋板块"中查看手机淘宝直播的访客数和下单转化率，其具体操作流程为：【卖家中心】-【生意参】-【流量分析】-【看板转化】。如果是淘宝达人主播，那么可进入阿里创作平台，依次点击：【统计】-【内容分析】-【渠道分析】进行查看。因此，在直播电商平台的后台系统获取直播数据是最直接的方式。

2. 专业直播数据平台

在直播电商平台的后台系统往往只能看到自己团队的数据，但如果要获取竞争对手的数据或者获取到一些相关的隐藏数据，运营人员还可以通过一些特殊的付费渠道来获取。比如直播眼、灰豚数据、直播洞察等专业的直播数据服务平台，以及万商堂、大紫达人等直播软件助手。例如直播眼就是一个全方位洞悉淘宝直播数据的平台。它定位于高性价比主播及热销商品，能够查看竞争店铺直播策略，也能够获取直播销量、直播销售额、同时在线人数、增粉数等高价值数据。

3. 网络爬虫

直播过程中产生的用户生成内容（UGC）是具有高价值的数据集。在一个成功的直播间内，一场四小时的直播能够产生百万级用户评论数据，这是能够挖掘出消费者关注热点、态度等高价值信息的重要数据资源。然而目前直播电商的后台及专业直播数据抓取平台仅能提供评论数量，部分平台可以用算法计算出高频词汇。但是，大数据文本挖掘基数远远不止对评论高频词汇的统计，这就需要通过网络爬虫代码对直播间内海量的评论数据进行抓取。一般来说，适用 Java 语言和 Python 的爬虫较为常见。

4. 问卷调查

上述三种工具是抓取直播间自发生成的数据，但有时候我们需要分析直播间出现特定问题的原因。例如为什么观看率和互动率很高，但销售额就是上不去？之前介绍的基本指标数据很难回答类似的问题，我们需要获取到消费者内心世界的想法才能找到可能的原因。此时运用到的工具为调查问卷，通过调查问卷我们可以设置任何想要了解的问题来获取解决的思路。一般来说，"问卷星"和"Credamo"等线上问卷调查工具被使用较多。

（二）数据分析工具

1. SPSS

SPSS，即"统计产品与服务解决方案"软件，它和 SAS、BMDP 并称为国际上最有影响力的三大统计软件。SPSS for Windows 是一个组合式软件包，它集数据录入、整理、分析功能于一身。用户可以根据实际需要和计算机的功能选择模块，以降低对系统硬盘容量的要求，有利于该软件的推广应用。SPSS 的基本功能包括数据管理、统计分析、图表分析、输出管理等。SPSS 统计分析过程包括描述性统计、均值比较、一般线性模型、相关分析、回归分析、对数线性模型、聚类分析、数据简化、生存分析、时间序列分析、多重响应等几大类，每类中又分好几个统计过程，比如回归分析中又分线性回归分析、曲线估计、加权估计、两阶段最小二乘法、非线性回归等多个统计过程，而且每个过程中又允许用户选择不同的方法及参数。SPSS 也有专门的绘图系统，可以根据数据绘制各种图形。简单来说，SPSS 能够完成直播电商数据分析中所有数字类型的数据分析。

2. 百度人工智能开放平台

除了数字型数据以外，用户评论等文字类非结构化的数据分析也需要专业的工具。百度人工智能开放平台是面向用户免费开放的一款人工智能分析工具，如图 8-7 所示，直播电商运营团队可以使用百度人工智能开放平台进行评论数据的信息挖掘。图 8-7 显示了百度人工智能开放平台提供了网络评论数据分析所需要的词向量、情感分析、文本分类等多项技术的免费使用权限。

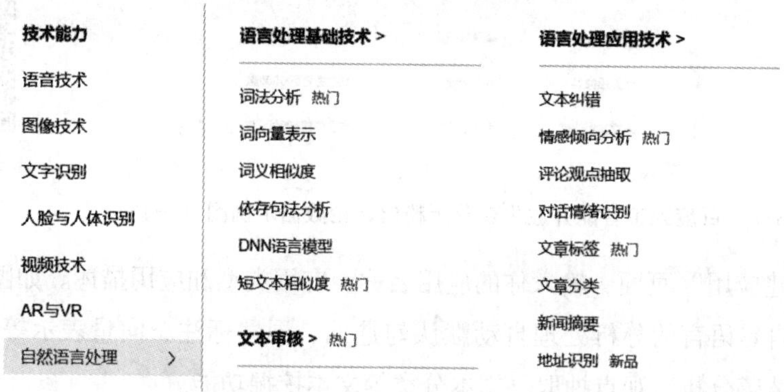

技术能力	语言处理基础技术 >	语言处理应用技术 >
语音技术	词法分析 热门	文本纠错
图像技术	词向量表示	情感倾向分析 热门
文字识别	词义相似度	评论观点抽取
人脸与人体识别	依存句法分析	对话情绪识别
视频技术	DNN语言模型	文章标签 热门
AR与VR	短文本相似度 热门	文章分类
自然语言处理 >		新闻摘要
	文本审核 > 热门	地址识别 新品

图 8-7　百度人工智能开放平台操作功能

点击进入百度人工智能开放平台，选择"自然语言处理"，接着在语言处理应用基数处选择"评论观点抽取"词法分析板块，即可以完成用评论分析、用户理解，支持产品优化和营销决策。选择立即使用后，进入如图 8-8 所示的操作页面，点击"创建应用"进入网络评论的分析页面。

扫描二维码，
查看彩色大图

图 8-8　百度人工智能开放平台分析粉丝评论数据示例图（一）

在"创建应用"页面，输入你的应用名称、应用类型和应用描述。如图 8-9 所示，粉丝评论等自然语言的分析处理自动默认勾选词、词性标注、向量表示等文本预处理功能，以及情感分析、观点抽取、文本分类等文本挖掘功能。

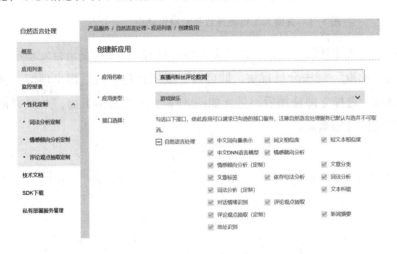

扫描二维码，
查看彩色大图

图 8-9　百度人工智能开放平台分析粉丝评论数据示例图（二）

创建应用成功后，我们将得到该应用的"API Key"（接口验证序号）和"Secret Key"（接口验证密码），如图 8-10 所示。随后我们可以使用 Python 代码调用百度人工智能开放平台的自然语言处理功能对抓取到的粉丝评论数据进行分析。用户只需在百度人工智能开放平台复制 Python 代码，并将其中的"API Key"和"Secret Key"代换成自己设置的应用中显示的即可。

四、数据分析的方法

（一）时间序列分析

时间序列（或称动态数列）是指将同一统计指标的数值按其发生的时间先后顺序排列而成的数列。例如将流量、互动率、粉丝增加数、销售量、销售额等数据根据直播时间的先后顺序排列而成的数列，这也是我们使用数据获取工具（如直播后台）提取数据时最常见的数据呈现方式。时间序列分析是指将时间序列分解为四部分（趋势、周期、时期和不稳定因素）来看，然后综合这些因素，提出预测。时间序列分析强调的是通过对一个区域进行一定时间段内的连续遥感观测，提取图像有关特征，并分析其变化过程与发展规模。简单而言，就是计算机通过模型、邻近度、密度等方法对按照时间顺序排列的数字点进行线条拟合，通过该线条的数学方程式对未来进行统计。此外，这种分析方法还能够监测到异动数据。根据短期环比（SS），对于时间序列来说，T 时刻的数值对于 $T-1$ 时刻有很强的依赖性。比如流量在 8：00 很多，在 8：01 时的流量也很多是大概率事件。根据 $T-1$ 时刻的数值和拟合的曲线，T 时刻的取值是能够得到的。但是如果实际统计的 T 值与预估值差距较大，则视为异动数据。对于直播电商结束后的数据分析目的而言，最主要的就是对异动数据进行分析。只有了解了数据为什么突然反常增多或者减少，才能够更好地为下一场直播进行设计。

（二）回归分析

回归分析是对具有相关关系的两个变量进行统计分析的一种方法。回归分析能体现出一个变量变化时另一个变量是否会变化以及变化的具体程度。例如回归分析能够回答一场直播中粉丝的互动活跃度是否会因为产品价格的高低变化而变化的问题，再比如回归分析能够回答产品的价格和产品的促销力度哪一个对粉丝互动活跃度影响更大的问题。通过回归分析，我们能使用适当的数据模型将变量间的关系表达出来。以常见的一元回归函数：$y=a+bx_1+cx_2+dx_3$ 为例，y 表示一场直播的销售额、x_1 表示粉丝数量、x_2 表示促销程度、x_3 表示产品数量（实践中方程内还可以加上许多其他可能影响销售额的变量）。回归分析能够通过许多直播中 y 和 x 的实际面板数据拟合出模型，得到 a、b、c、d 的值，从而知道哪个因素的影响是最大的，进而针对这个因素优化直播方案。此外，回归分析或许还能够让经验中并不明显的影响变量凸显出来，为运营团队带来启发。例如曾经有研究者通过回归分析发现"天气"会影响股市的发展。最后，回归分析能够在回归方程的基础上通过一个或几个自变量的取值来预测因变量的取值，即起到预测未来的作用。总的来说，在直播电商的数据分析中，回归分析是运用极为广泛的一种分析方法。该方法通过上文介绍到的工具 SPSS 得以实施。

（三）文本聚类

直播间内生成的粉丝评论数据的分析方法为文本聚类，文本聚类是话题监测技术中的核心技术。该技术是一种无监督的学习过程，计算机根据文档集合内部的文档对象彼此之间相似度关系并按照某种准则进行文档集合划分。通过该项技术，信息采集技术抓取到的海量网络评论数据可以被计算机自动分为多类主题。文本聚类不需要预先对文档进行人工标注类别，因此该项技术对于获取大规模多元数据集合的结构特征是有效的。它能够发现数据之间所隐含的某些关系，因此在数据挖掘和知识发现领域中得到了广泛应用。

由布莱（Blei）等人提出的潜在狄利克雷分布（Latent Dirichlet Allocation，LDA）模型是文本聚类中常用的概率主题模型之一，该模型可以对文档进行隐含主题建模。LDA 模型是一个三层贝叶斯模型，它将文本分为文档、主题、单词三个层次。LDA 模型认为用户评论中每个单词的生成过程为：从 K 个主题中抽取一个主题，再从该主题对应的单词库中抽取一个单词。其中，K 个主题的混合比例服从狄利克雷分布 θ_m，参数为 α；每个主题的词库中单词混合比例服从狄利克雷分布 ϕ_m，参数为 β。而 LDA 模型则是根据文档中已知的所有单词，运用数学公式不断迭代，反方向倒推出评论中的单词来自哪些主题，从而得到文档中的隐藏主题。如图 8-11 所示为使用该模型对某餐厅网络二十万条评论数据进行文本聚类，得到的消费者所关注的 9 个热点话题。文本聚类属于目前大数据技术的分支，通过上文介绍的百度人工智能平台能够实现，也可以使用 Python 自行编码实现。

评论热点	热点词语 （前 10个）
服务	服务员 时候 态度 时 人 老板娘 经理 菜单 时间 客人
口味	口感 味 口味 美味 入口 白色 球 香 颜色 奶
环境	楼 位置 环境 地方 风景 灯光 音乐 窗 电梯 酒吧
价格	价钱 性 人 价钱 话 环境 价格 地方 印象
火锅	火锅 锅 牛肉 调料 店 丸子 羊肉 菇 菌 丸
海鲜	鱼 文 蚝 海鲜 鳕鱼 金枪鱼 身 扇贝 拼盘 鳗鱼
西餐	牛排 汤 餐 甜品 主菜 套餐 奶油 鹅肝 蘑菇 羊
点心	蛋糕 巧克力 莓 奶油 核桃 饼干 口感 香蕉 乳酪 手工
水果饮料	水果 芒果 布丁 草莓 果 饮料 甜品 牛奶 焦糖 冰

图 8-11　使用 LDA 模型对评论数据中的主题进行提取

（四）情感分析

情感分析技术主要研究如何对文本所表达的观点、情感、立场、态度等主观性信息进行自动分析，从海量文本中识别出人们对某一事件或政策等所持有的观点是褒义还是贬义，提高对文本情感分析的效率。文本情感分析技术涉及自然语言处理、计算语言学、人工智能、机器学习、信息检索、数据挖掘等多个研究领域，属于交叉性技术。情感分析的发展经历了由粗粒度研究到细粒度研究的过程。粗粒度研究包括在文档层面对整个文档进行情感分类的形式，以及在句子层面先区分文档中的主客观句再对主观句情感进行分类的形式。细粒度研究在词汇层面进行语义分析以及词汇元素间相互作用分析。

词语情感分析是对句子中出现的表达情感的名词、动词、副词和形容词所表现的褒义、贬义和中性意义进行分析，包括对词的情感极性、情感强度以及上下文模式等进行分析。词语情感分析技术的基础和分析效果在于情感词典的构建。情感词典会标注有倾向性的情感词语，例如"喜欢"在情感词典中被标记为强度为 3 的正向情感，那么当评论中出现"喜欢"一词时，情感总分"+3"。情感分析主要依靠计算机得以实现。ReviewSeer 是世界上第一个针对评论的情感分析工具，目前还有 Senti WordNet、Opinion Observer、Emotion Trigger 等机器识别工具。同样，情感分析可以通过上文介绍的百度人工智能平台得以实现。值得一提的是，情感分析常常与文本聚类结合使用，思路如图 8-12 所示。通过情感分析将粉丝的评论分为积极情感评论和消极情感评论之后，再分别对两类评论数据进行文本聚类。这样可以明确地得到直播间的粉丝究竟是对哪些方面满意、对哪些方面不满意，从而为直播间的优化提供切实的数据支撑。

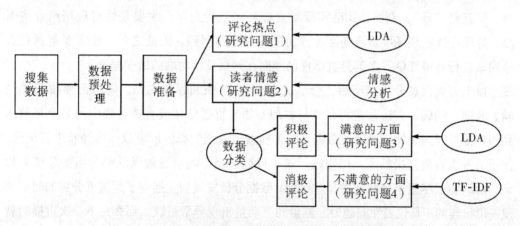

图 8-12　情感分析和文本聚类两种方法结合使用的思路

注：图中 LDA（latent Dirichlet allocation）指三层贝叶斯主题模型，TF-IDF（term frequency-inverse document frequency）指词频逆文本指数。

第三节　直播经验总结

分析直播数据的目的，在于为直播总结经验。因此，数据分析结果的解读往往比数据分析本身更为重要。实际操作中，除了通过挖掘对应的数据总结出直播经验，还需要团队内部进行员工的主观总结，例如台词、道具、协作等方面的经验。直播活动过程中的管理属于现场管理，因此可以参考现场管理的"人、机、料、法、环"五个因素，进行全面总结。

第一是"人"，新媒体团队需要对直播过程中涉及人的因素进行总结，尤其是在团队协作过程中，不同性格的团队成员会呈现不同的做事风格。一支完整的团队需要将成员的优势充分发挥、成员劣势尽量避免，在团队沟通环节尽量减少人为失误。总结过程中，除了需要对新媒体团队成员进行总结外，对于主播、嘉宾等也需要进行总结。

第二是"机"，新媒体团队需要对直播硬件设施进行总结，对场地的布置、直播手机的性能、电池的耐用程度、道具的尺寸设计等进行讨论与总结。

第三是"料"，直播活动不涉及原材料或半成品加工，此处的"料"主要指直播台词、直播环节设置、直播互动玩法、直播开场与收尾方法等提前设计好的内容。虽然这些内容已经提前设计好，但是需要总结出内容是否能有效发挥、有无未考虑到的环节而导致现场混乱等。

第四是"法"，新媒体团队需要对直播前的方案正文、项目操盘表、项目跟进表等进行总结，尤其是重新评估项目操盘表是否具有实际指导价值、项目跟进表是否能有效地引导团队成员进行直播相关的运作等。

第五是"环"，新媒体团队需要对直播环境进行总结。主要是针对现场声音清晰度、灯光亮度、现场屏幕流畅度等方面进行讨论与回顾。除此之外，还需要重新在直播网站进行环境评估，尤其是直播现场画面在网页及移动端的适配程度。

以上五大因素分析结束后，会形成至少约25条回顾与总结。随后需要按照"经验、教训、问题、方法"进行归类与整理。如果直播整体或直播过程中的某个环节达到预期甚至超过预期，在通过数据分析等探索出可能的原因后可以作为经验进行记录，便于下一次直播直接参照。相应地，未达目标甚至影响最终效果的部分需要总结为教训，后续直播尽量避免此类教训。例如，数据分析发现当主播花了超过五分钟的时间答复一位粉丝的不具代表性问题时，流量和互动量出现异常下跌。那么在下一次直播时就应吸取教训避免此类情况。此外，对直播过程中遇到的新问题、在策划环节没有考虑到的问题，需要记下来，后续直播策划必须将此环节考虑在内。相应地，遇到问题后的解决方法，也需要记录下来。此类方法对加入新媒体团队的新人尤其有指导意义。

第四部分
主播的打造与发展

第九章

主播的定位、类型与品牌打造

第一节　主播的定位

前述提到，直播电商主要由人、货、场三个要素组成。"人"主要指直播电商的主播和 MCN 机构。其中，主播主要包括具有一定公众号召力的人物。MCN 机构主要包括内容 MCN 机构和电商 MCN 机构，而电商 MCN 机构则是上述内容较为重要的一环。"货"主要指品牌方（内容电商整合营销机构予以支持）和供应链所提供的产品和供货渠道。此外，随着电商的逐步扩张，部分高阶电商 MCN 机构已将品牌方和供应链的产品与供货渠道整合到企业的自身业务流程中。"场"主要指客户端与电商端进行异质性资源交互和产品购销的网络平台，现今平台模式主要是内容化和电商化平台的结合。

在以上三个要素中，"人"是发挥直播电商能动性、最大化直播电商利益的关键要素。一方面，与消费者面对面进行信息交互的第一要素便是直播电商中的人。因此，直播电商中"人"所具有的带货能力和议价能力直接影响着电商产品数量能够卖多少、产品价格能够卖多高。另一方面，直播电商中的"人"不仅承担着产品销售任务，还肩负着产品营销功能。一个优秀的主播，能吸引到大批粉丝，增加客户对产品的黏性和信赖度，这也是广告中通常会选取当红明星参与广告代言的原因。因此，直播电商中如何发挥"人"的作用，是决定直播电商能否做大做远的关键。而如何发挥"人"的作用，则需要对不同定位的"人"，即针对不同定位的主播进行相应的主播品牌打造。

在现有直播电商领域中，主播主要分为专业型主播、人设型主播、名人型主播和代表型主播四类。这四类主播的定位各有不同：专业型主播的定位为"用户的意见咨询专家"；人设型主播的定位为"用户的专属生活管家"；名人型主播的定位为"行走的种草机";代表型主播的定位为"品牌的官方发言人"。

成功的主播品牌打造必须建立在准确定位、精准孵化的基础上,因此针对不同的主播定位,确定不同的主播培养方案和管理模式是本章关注的重点。

第二节　主播的类型

由于直播电商领域的主播来源广泛、风格多变且运营模式各不相同,目前对于主播的类型并没有准确的划分,本书通过将主播的"直播"和"电商"两大属性的强弱程度作为分类标准,将直播电商领域的主播主要划分为以下四类:专业型主播、人设型主播、名人型主播和代表型主播。"直播"属性强调主播与用户之间针对电商产品的长期互动,长期互动越多,"直播"属性越强;而"电商"属性强调主播通过直播推介商品的种类丰富程度,商品丰富程度越高,"电商"属性越强。直播电商领域主播类型划分如图9-1所示。

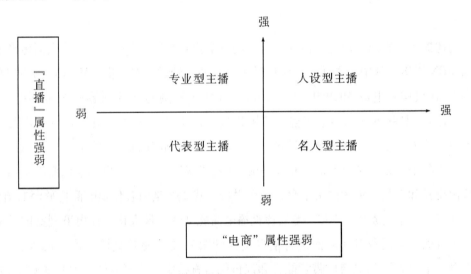

图9-1　直播电商领域主播类型划分

一、专业型主播

专业型直播是独立于消费者和商家之外的第三方,其对于推介的商品不只是"王婆卖瓜"式的一味吹捧夸赞,而是利用其自身所具备的对相关商品丰富的知识量使用户信服和产生购买欲望,用户在观看直播的过程中,会认为主播的观点是从专业角度出发的,较为客观,因此会更加容易接受主播的意见。为了提升自己的形象,专业型主播在直播中除了会介绍和点评商品以外,还会向用户普及一些基础知识,增加自己的知性魅力,从而得到用户的认同和忠诚度。因此专业型主播不仅仅是商品的导购员,更是用户在购物过程中的咨询专家，为用户提供客观、专业、全方位的参考意见。就"直播""电商"属性强弱而言，一方面，专业型主播重视与用户关于推介商品的长期互动，专注于打造用户对其专业性认知的互动过程，其"直播"属性强烈；另一方面，专业型主播活跃于某一特定的商品类目领域，如美妆领域、健身领域或美食领域，其"电商"属性较弱。

二、人设型主播

人设型主播源于"网红主播"的概念，网红主播是直播行业占比最大的一类主播，据艾媒咨询2019—2020年中国在线直播行业研究报告，截至2019年年底，直播行业网红主播占比达75.32%。网红主播兴起于抖音、快手等短视频平台，网红主播通过"卖艺"的形式吸引大批粉丝，通过粉丝的多年累积，网红主播在销售或使用某件产品时会产生明星效应，大量粉丝会争相购买和使用相关产品，人气比较高的网红主播通常会为产品厂商带来庞大的销售量。之所以将"网红主播"的概念泛化为人设型直播，是因为网红主播走红、成名并具有一定粉丝流量源于其鲜明的特色，商业领域将这种特色称作"人设"。相对引申出的人设包装概念，其实就是把主播标签化，建立标签和主播之间的强关联，当提到某某主播的时候，用户第一反应就是那个非常有特点的标签。人设可以有一个标签，也可以有一组标签，标签的数量因人而异。在包装的过程中需要寻找一些具有传播度、易于记忆的标签去匹配主播。标签需要主播通过一系列的行为表现出来，当这些行为成为一种固定的行为模式，时间久了用户就会把这些行为所表现出来的标签记住。典型的人设型主播包括李佳琦、薇娅等直播电商行业头部主播，他们通过长时间的直播运营，建立起自身的直播特色，形成标签化的人设，吸引了一大批忠实的粉丝，并在后续将粉丝流量变现，利用其强大的直播带货能力为品牌方带来了显著的收益。就"直播""电商"属性强弱而言，一方面，人设型主播依托产品推介长时间与用户保持友好良性的互动，渲染人设特征的同时增强用户黏性，其"直播"属性强；另一方面，人设型主播推介产品的范围广泛，几乎涉及用户生活全方面，因此其"电商"属性也较强。

三、名人型主播

当专业型主播和人设型主播在直播电商行业分庭抗礼的时候，各品牌方将本就已经占据"流量高地"的名人也纳入了直播电商这一流量变现池。名人型主播主要指明星等公众人物。明星直播带货具有流量高、门槛低、三方互利的特点。明星都有自带的流量，他们各自都有自己的粉丝团队做支撑，这在直播行业称为私域流量，由于粉丝对他们的信任，他们能将粉丝需要的商品快速变现。不同于李佳琦、薇娅等人设型主播需要具备很强的直播专业能力，明星们带货直播并不需要太多的经验，他们在直播过程中往往负责带动气氛。在明星带货直播的过程中，消费者可以用低于市场的价格买到心仪的产品，明星可以学习到直播的技能和经验并快速变现，品牌方也可以卖出更多产品，获取更多利润，三方互利，这也成为众多品牌方选择明星型主播的原因。就"直播""电商"属性强弱而言，名人型主播并不需要具备专业的直播技能，其直播带货的目的也不是转型成为一名主播，而是以品宣为主，而且明星带货一般不局限于某一个品牌，而是用户生活方方面面的商品都有涉及，因此其"直播"属性较弱，而"电商"属性较强。

四、代表型主播

2020 年，随着新冠肺炎疫情的影响在全世界发酵，诸多企业的线下业务都遭受重创，同时直播电商的火速发展让不同企业乃至地区都不得不正视直播电商在当前特殊时局以及未来发展趋势中的显著优势，因此代表型主播们不约而同地出现在了直播电商的舞台，例如网易公司创始人丁磊以及珠海格力电器股份有限公司董事长董明珠等。据有关数据统计，2020 年 5 月 15 日，董明珠在京东平台进行了时长 3 小时 20 分钟的格力电器十周年带货直播，观看人数超 700 万，销售额达到了 7.03 亿。代表型主播主要指作为"品牌方"的代表进行电商直播带货的主播。这里的"品牌方"并不仅限于传统意义上的企业，也包括行政区域，例如快手电商和快手扶贫于 2020 年 3 月发起了"百城县长，直播助力"的携手助农活动，邀请全国各地县长在快手直播间售卖当地特色农产品，并匹配粉丝 100 万以上的快手主播连线助力。就"直播""电商"属性强弱而言，代表型主播进行直播带货的目的，更多是为商业品牌做宣传，或者提升地区品牌形象，涉及的商品种类不如人设型主播与名人型主播丰富，因此其"直播"属性较弱，"电商"属性也较弱。

第三节　主播品牌打造

一、品牌化的意义

按照美国市场营销协会的定义，品牌是用以识别某人或某群销售者的产品或劳务，并使之同竞争对手的产品和服务相区别的名称、术语、标记、符号或设计及其组合。这一定义被广泛接受。由这个定义可以看出，品牌是种用以区别不同商品的符号，不管这种符号是语言还是图案，也不管这种符号是听觉的还是视觉的。换个角度来看，任何能够使一种商品与另一种商品区别开的符号都是品牌或品牌的组成部分。虽然品牌最初运用于商品和服务，但人们很快发现，只要冠以用于区别的符号（名称、商标等），很多事物都可以品牌化。当一个主播或者一个直播号拥有一个名字时，其就已经具备了品牌化的基础。然而这并不是品牌化的全部，只有当这个名字（品牌）以及其背后意义被传播、被用户知晓，这个品牌才开始发挥品牌的作用。目前来看，主播或者直播号若决定用打造品牌的一套体系来实施未来的发展规划，是意义深远的。

（一）品牌化能够促进销售

艾丰先生曾用"四卖"一词对名牌（建立起来的品牌）的作用做了精辟的概括，即"卖得贵""卖得多""卖得快""卖得久"。具体地说，名牌可以以较高的价格销售，获得较丰厚的利润；名牌可以吸引更多的顾客购买、使用，保持较高的市场占有率；名牌产品销售较快，有利于企业的资金回收和周转，降低企业的流通成本；名牌可以使其名下的产品卖得比较长久。这一理论同样适用于直播电商中的主播品牌。当主播建立起了个人品牌，其带货的效果会远远强于不知名主播。此时，直播间销售的商品有着商品自身品牌和主播品牌的双重影响，是代言人效应的无形体。因此主播的品牌化将有利于直播间内商品的销售。

（二）品牌化是进行品牌延伸的前提

根据一项对在消费品市场处于领先地位的企业的调查，多数知名企业在新产品进入市场时都采用了品牌延伸这一策略。可见，品牌延伸是在竞争激烈的市场中推出新产品的有效策略。在直播电商领域，我们注意到已经有知名主播在尝试着转型，例如从卖别人的产品转型为试着生产自己的产品之类。这种现象可以理解为主播品牌的品牌延伸，将主播自身的品牌资产向其他产品上转移。但是要进行品牌延伸，被延伸的品牌必须是有价值的消费者熟知和信赖的品牌，否则延伸并不见得对新产品有利。因此，这一策略的成功必须以强有力的主播品牌为基础。

（三）品牌化能够提升供应链中的话语权

根据迈克尔·波特（Micheal Poter）的竞争五力模型，供应商不仅是直播电商运营团队的合作方，也是竞争角力的对象。实践当中，供应商的话语权直接决定了运营团队能够争取到的价格、样品、赠品、奖品等。对于优秀主播品牌而言，直播运营团队与供应商之间的话语权博弈将因主播的品牌效应发生微妙或是明显的变化。薇娅等名人直播间在与供应商谈判时占据着或多或少的优势地位，且这种品牌优势换来的供应商的资源倾斜反过来又加强了消费者心目中薇娅团队品牌的品牌资产，从而形成良性循环。

（四）品牌化有利于增强团队的吸引力

从某种程度上说，直播团队之间的竞争也是人才的竞争。能够吸引到优秀的人才，企业的创新能力、竞争能力就会增强。但是一个直播团队能否吸引到优秀人才，或者说优秀人才是否愿意到一个团队来工作，本身又在很大程度上取决于团队。由于一个人要对多个直播团队都进行比较深入的了解是相当困难的，因此，个人对直播团队的评价往往是根据团队培养出的主播的品牌知名度做出的，知名主播的团队常常使优秀人才慕名而来。

主播品牌的吸引力不仅体现在吸引人才方面，也体现在吸引资金方面。一个知名的主播品牌，往往容易得到投资者的信赖。正如可口可乐公司的有关负责人所说的，"如果（可口可乐）公司在天灾中损失了所有与产品有关的资产，公司将毫不费力地筹集到足够的资金来重建工厂"。

主播品牌的吸引力还体现在吸引合作者方面。一个成功的直播电商运营团队需要有稳定的产品供应渠道，同时也要有不断获取新供应渠道资源的能力。优秀的主播品牌能够吸引供应资源主动合作。例如李佳琦的团队吸引到了大量的品牌合作方，使得他们不得不安排专员对上门合作的品牌进行调研和筛选。

（五）未来直播团队间的竞争是品牌的较量

对于直播电商而言，要在竞争中长时间保持渠道优势是困难的。市场状况千变万化，竞争对手随时有可能接触到更高质、更低价的产品渠道。此外，直播电商中有特色的产品、促销工具、销售套路、"话术"等均属于低壁垒资源。只要加以时间积累、培训，某些团队暂时的优势都能够被大量模仿、复刻。但是，主播的个人品牌，是难以被取代及复制的优质资源。如今，直播电商行业头部主播的个人品牌效应已经初步显现，李佳琦、薇娅等品牌化的主播的影响力正在扩张。未来直播电商运营团队间的较量，并不在于价格或产品，而是品牌资产高低的较量。这时，品牌就意味着流量、销量、影响力。

二、不同类型的主播品牌打造

主播品牌的打造须结合主播的定位开展。

（一）专业型主播："用户的意见咨询专家"

专业型主播的定位为"用户的意见咨询专家"。此类主播品牌打造的重点是其区别于别类主播的专业型，这类专业型主要体现为拥有丰富的行业品牌知识、专业的商品基础知识以及全面的商品应用知识。例如在彩妆频道中，专业型主播会介绍自己日常使用到的一些其他彩妆品牌，这些品牌分别有什么优点和缺点，并且会教观看的用户如何针对自己的脸型进行化妆、每个化妆步骤中的注意事项、操作中可能会出错的化妆手法、卸妆部分的操作小技巧等。主播会在化妆示范的过程中，巧妙地将一些需要推荐的商品介绍融入其中。对于用户而言，观看彩妆频道的直播一方面可以更多地了解不同的彩妆品牌，另一方面可以学到一些化妆技巧和手法，还可以在观看过程中直接向主播提问，就自己平时化妆过程中可能存在的一些问题询问主播意见，就自己没看明白的操作步骤要求主播再次示范或者给出解释。

（二）人设型主播："用户的专属生活管家"

人设型主播的定位为"用户的专属生活管家"。此类主播品牌打造的重点是其"专属"与"生活管家"定位。"专属"对应于人设型主播独特的人设，打造其与相应直播观众群体产生共鸣的人设特征，而"生活管家"则是建立于人设型主播广泛的产品推介范围。以李佳琦为例，早期的李佳琦其实是一名专业型美妆主播，欧莱雅美妆柜员的出身，为他奠定了专业的美妆知识基础。2016 年年底，李佳琦从网红孵化机构美ONE 与欧莱雅联合举办"BA 网红化"活动中脱颖而出，成为首批淘宝直播美妆带货"网红"。得益于直播电商的迅猛发展，加之其美妆专业知识丰富，李佳琦逐渐在直播电商行业崭露头角，在短短四年内，全网粉丝量高达五千万。庞大的粉丝基础和流量变现能力，使李佳琦推介商品的范围从美妆产品扩展到"吃喝玩乐购，衣食住行娱"，覆盖用户生活的方方面面。因此一个普通的消费者，只要进入李佳琦的直播间，几乎能够购买到自己生活所需的一切产品，李佳琦则成为用户的一位隐形生活管家。此外，李佳琦的人设标签是"诚恳""拼命"和"所有女性的朋友"，正是因为这些标签，让李佳琦在竞争激烈的网红圈层站稳了脚跟。此外，他的一些口头禅，像是"Oh, my god！"（我的天啊！）、"买到就是赚到"等，也让这位人设鲜明的主播在用户心中留下了深刻的印象。这些渲染到位的人设特征都使得诸多用户与李佳琦产生了共鸣，产生了对李佳琦强烈的信任感，李佳琦也因此成为众多品牌方争相抢夺的"香饽饽"，因此人设型主播的成功品牌打造必定要与"用户的专属生活管家"定位完美契合。

（三）名人型主播："行走的种草机"

在网络上，"种草"一词也表示分享、推荐某一商品的优秀品质，以激发他人购买欲望的行为。名人型主播的定位就是"行走的种草机"。此类主播品牌打造的重点是不断强化其既有的粉丝流量优势并将其变现，即强化"种草机"定位，同时品牌打造过程中也可充分利用名人型主播所拥有的粉丝群体的忠诚度，扩大名人型主播的产品推介范围，强化"行走"定位。一方面，名人型主播得益于其既有的粉丝群体流量，往往在一开播就能收获可观的观众流量，这些忠实粉丝在直播中看到自己喜爱的名人热情卖力地推荐某些品牌方的产品，会将自己对于主播的信任成功地转嫁到产品身上，从而建立起对于品牌的信任乃至依赖，这一信任转嫁过程很好地体现了名人所带有的品牌效应，因此名人型主播往往是"种草机"，不仅能为品牌方带来庞大的用户流量，也能利用这些用户流量创造显著的交易流水。另一方面，名人型主播推介的产品范围也相对广泛，导致其成为"行走的种草机"，不管为什么品牌带货，都能产生"播什么卖什么"的奇效。

（四）代表型主播："品牌的官方发言人"

代表型主播的定位为"品牌的官方发言人"。此类主播品牌打造的重点是在巩固其所拥有的品牌忠诚消费者流量的基础上，加深其品牌背书的广度和深度，深化其"品牌的官方发言人"定位。以企业家代表为例，企业家直播带货与明星直播带货共同的特点是他们在一开始就具备既有的流量，直播只是将其既有流量以新的目的转移到一个新的平台。对于普通消费者而言，企业家平时身居企业背后运筹帷幄，出席公共场合也更多是针对自己的品牌哲学和创业故事高谈阔论，很少像在直播中一样，与用户平易近人地沟通、交流与互动。企业家的直播职能一般是为品牌"背书"，提高用户信任度，因此与人设型主播的激情叫卖、夸张的肢体语言与低折扣促销不同，企业家应该更重视长远布局，让品牌生根、发芽、牢固。所以他们带自己品牌的货，也代表品牌亲自向消费者下"保证书"，如果商品有瑕疵，整个品牌的名誉也会受到影响，因此企业家主播会在直播前进行更详细周密的商品检查与直播准备，以更好地奠定其"品牌的官方发言人"的形象。

第十章

主播的能力构成、获取与成长发展

第一节 主播的能力构成

综合不同类型的主播的能力特征，本书将直播电商领域主播的能力归纳成三类，分别为主播商品知识力、主播社交互动能力与主播人格魅力，并形成了如图 10-1 所示的直播领域主播能力金字塔模型。其中，商品知识力，指直播电商领域主播所具备的与商品推介相关的知识与技能，其主要包括商品专业知识及其延伸出的选品能力和议价能力。社交互动能力，指直播电商领域主播所具备与建立维持良好人际关系相关的知识和技能，其主要包括主播在直播间的气氛营造能力、灵活应变能力与控场能力。主播人格魅力，指直播电商领域主播所具有的能够留存老用户、维持交易流量的独特人格魅力，这些人格魅力主要包括真诚、耐心、细致、为客户着想等。并非现今电商直播领域的所有主播都具备以上能力，相反，能力金字塔模型体现出了主播的能力分层，具备商品知识力的主播在行业内是最常见的，具备商品知识力同时又具有社交互动能力的主播较少，在此基础上还具备个人独特人格魅力的主播，则已经是直播电商主播中的佼佼者了。

一、主播商品知识力

商品知识力，指直播电商领域主播所具备的与商品推介相关的知识与技能。商品知识力是一名职业主播必备的知识和技能，因此为金字塔最低端，即最基础的主播能力，其主要功能为吸引新客户、创造交易流量。

商品知识力主要包括商品专业知识及其延伸出的选品能力和议价能力。

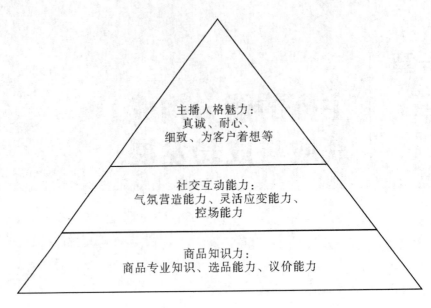

图 10-1 直播电商领域主播能力金字塔模型

商品专业知识指主播对商品本身的了解，又可细分为商品基础知识、附加知识以及应用知识。以食品为例，商品基础知识包括食品成分、食品分量等，商品附加知识包括食品功效、食品副作用等，商品应用知识包括食品的食用场景与使用方法等。

选品能力指主播在丰富的可选产品中选择合适产品的能力，主播在选品过程中一般会考虑产品是否适合自己直播间的观众，产品是否性价比高、能够促进成交，以及产品是否存在任何质量弊端等。

议价能力指主播在与品牌方的协商过程中确定直播间产品销售价格的能力，主播的议价能力取决于主播的既有粉丝力量与现场直播能力，比如名人型主播往往得益于其庞大的粉丝群体而具有很强的议价能力，往往能为直播间的粉丝与观众争取到实惠的价格。

二、主播社交互动能力

社交互动能力，指直播电商领域主播所具备的与建立维持良好人际关系相关的知识和技能，其主要包括主播在直播间的气氛营造能力、灵活应变能力与控场能力。人设型主播往往在社交互动方面具有明显优势，以薇娅为例，薇娅把其直播间的观众称为"薇娅的女人"，这样的称呼给人感觉是亲密的，而且体现出了薇娅对于粉丝的责任感，无形中提升了粉丝对其的好感度和忠诚度。同时，薇娅的声音比较低沉，听起来不刺耳、很舒服。薇娅直播间热闹但不吵闹，团队配合默契。她需要什么产品，立马就会有人拿给她；她问什么问题，也立刻会收到回复，从而基本没有等待的时间，观众也不会感觉无聊和冷场。薇娅的成功建立在其强大的商品知识力基础上，同时也得益于她的社交互动能力。她能够通过亲切的称呼、八卦式的对话和抽奖活动很好地营造直播间的氛围，同时，对要直播产品的熟悉程度和直播团队之间的通力合作也造就了她强大的灵活应变能力与控场能力。

三、主播人格魅力

主播人格魅力，指直播电商领域主播所具有的能够留存老用户、维持交易流量的独特人格魅力，这些人格魅力主要包括真诚、耐心、细致、为客户着想等。以耐心为例，主播在直播过程中需要快速流利地介绍商品，还要不停地解答互动用户通过评论区所提出的问题，用户也并不都是从直播一开始就进入到直播间的，而是随着自己的喜好选择进入还是退出直播间，因此对于主播而言，对于商品的同一个问题可能需要反复回答好几遍，这就需要他们有足够的耐心去回答用户的每一次提问，还需要不厌其烦地多次展示同一件商品，还要适时地安抚在直播间已经看过该商品介绍的其他用户的感受。这种足够的耐心和服务精神，能够让用户切实地感觉到主播的感染力和号召力，形成良性循环。在移动互联网时代，人们的物质与精神生活因为选择的增多而更加丰富，因此消费者很难根据以往的经验和理性做出最佳选择。主播人格魅力使消费者信息筛选的过程更加高效，自动在品牌中加入了温度感，也使产品附属了场景和情感因素，因此具有个人独特人格魅力的主播，往往能够在电商直播中获得更显著的带货效果。同时，主播人格魅力能够更加拉近主播与用户的距离，使用户黏性增强，培养用户的忠诚度，维持交易流量，推动该主播的长期可持续发展。

第二节 主播的能力获取

电商直播作为一种新兴的电子商务营销模式，所面临的市场环境在不断更迭变化，相关行业规范与制度尚在完善之中，企业也在努力探索电商直播主播能力培养范式。因此，为了发挥直播电商"人"这一关键要素的最大能动性，充分撬动人力资源杠杆，推动直播电商行业整体发展，迫切需要行业、企业与主播三方的通力合作，行业宏观支持营造良好的能力培养氛围，企业系统培养建立坚实的能力基础，主播自身勤勉修炼将外在能力表现内化为自身素养，提升自我长久价值的同时也推动直播电商行业的可持续发展。

一、行业宏观支持

随着直播电商在全国遍地开花，越来越多的明星、企业家都开始尝试通过直播电商带货，给行业带来新可能和发展新高潮的同时，也引发了一系列的问题。个别明星主播的投资收益率与坑位费不成正比，刷单退货销量造假等直播乱象揭露了直播电商行业症结的同时，主播们的能力素质问题也引人深思。明明具备可观流量却无法完成流量转化，这往往源于直播货品与明星主播的形象、人设不匹配，且有的明星对待直播电商的态度倾向于"捞金"，缺乏对产品的筛选和了解。因此，必须通过直播行业的通识培训为主播能力培养营造良好氛围，从根本上拨正直播电商行业乱象，改善直播行业生态。

（一）推动直播电商产教融合

主播作为互联网经济时代下的一种新兴职业，在获得资本青睐的同时也成为待就业人群的就业目标和职业理想，因此主播能力培养不再只是商业组织或机构的营利性活动，部分高校也已经尝试或正在考虑将直播作为一种专业纳入教育体系。但不管如何，主播作为一种综合性人才，其商品知识力、社会互动能力与人格魅力是多学科综合作用的结果。因此，高校应当将主播作为一种多学科的常规职业情景，把直播电商产业与日常教学密切结合，相互支持，相互促进，把学校办成集人才培养、科学研究、科技服务为一体的产业性经营实体，形成学校与企业浑然一体的办学模式。

（二）加强职业技能标准制定

随着近年直播电商行业开始进入精细化的运营阶段，直播电商行业日趋成熟，因此逐步对该行业制定缜密的、可行性高的职业规范标准，以规范主播的日常行为，使直播更加有序，应当是行业努力的重点。直播带货实践中依然存在的显著问题包括主播带货时夸大宣传、引导消费者绕开平台私下交易；部分消费者遭遇假冒伪劣商品、售后服务难保障；卖家与平台之间、直播平台与电商交易平台之间的关系复杂，消费者知情权、公平交易权和合理维权诉求大打折扣；网络主播、内容发布平台、产品供应企业等相关参与者均缺乏明确的认证管理标准和监管机制等。因此，应尽快从全国层面探索制定涵盖网络主播、内容发布平台、产品供应企业在内的相关主体和群体的规范与标准，包括网络主播的行为规范与认定标准，内容发布平台合规性规范，直播场景软硬件标准，带货产品的认证与信誉评价，产业孵化器、培训机构的准入与监管等。

（三）优化行业政策支持

直播电商在不断的发展中已成为一种新的经济模式，因此，为不断培育新业态，创造更多新就业，全国各地应当不断优化行业内的政策支持，为直播电商人才的培养以及整个行业的发展助力。例如，上海于 2020 年 4 月发布文件《上海市促进在线新经济发展行动方案（2020—2022 年）》，方案明确鼓励开展直播电商、社交电商、社群电商、"小程序"电商等智能营销新业态。为落实该方案，2020 年 5 月，上海举办了

"五五购物节"品质生活直播周活动，一周内累计直播上万场，预测带动线上线下交易额 50 亿元。6 月 23 日，有着"带货一哥"称号的电商主播李佳琦经审定符合条件，作为特殊人才落户上海崇明区。

由此可见，通过推动直播电商产教融合、加强职业技能标准制定与优化行业政策支持，给参与主播能力培养的主播本人、盈利与非盈利组织机构的各方释放出积极的信号，能够为主播能力培养营造良好的氛围，是主播能力获取提升的第一步。

二、企业系统培养

（一）招聘选用

优质主播是直播电商发展的动力源泉，因此打造优质主播是众多 MCN 企业或专业主播培养公司的首要任务。而企业主播人才培养的第一步则是招聘选用合适的潜在优质主播，具体有以下几个维度指标作为筛选要素。第一是"颜值"。"颜值"是用来表示人靓丽程度的数值，用来评价人物相貌，虽然随着现代化文化的发展与审美观念的转变，"颜值"并不再是直播电商主播筛选的第一标准，但仍在主播招聘选用中占据一定的权重。第二是口才。从口才角度筛选主播，合适的类型有主持人、导购员、播音员等，线下实体店导购员也是口才筛选的对象，他们在直播间内可以带动气氛，能把商品的属性详细介绍完整。第三是销售能力。直播电商虽然有娱乐性也有社交性，但其底层逻辑是销售产品，虽然直播电商销售场景通过线上电商平台完成，但传统的销售能力在直播电商行业仍非常有效，所有具有销售行业从业经验的候选者都具有一定的先天优势。第四是亲和力。一个主播如果让人感觉很亲近、愿意接触，自然就会有很大的号召力。第五是吃苦耐劳能力。台上一分钟，台下十年功，直播行业并不如常人想象的一样轻松与风光，绝大多数获得一定成就的主播背后也付出了大量的非常人的努力和辛苦。第六是某领域的专业知识。具有细分领域的专业知识的人非常适合做主播，他们可以利用自己的所长帮助粉丝进行一些专业性的决策，例如，美妆指导、穿搭指导、母婴指导。

（二）培训上岗

当招聘、选用了合适的潜在优质主播，企业下一阶段的核心任务就是建立完善的培训机制，开展有效的上岗培训。针对不同类型的主播能力，企业应有不同的培训重点与培养模式。其中，商品知识力的培养主要是让电商主播了解其带货相关领域的产品特征，包括同一类属性各品牌产品的价格对比、质量对比以及优劣势。在主播了解商品相关属性后，企业应让主播学习电商直播所需的基础话术准备。话术准备是主播在获取商品专业知识后延伸培养选品能力和议价能力的关键。而对于主播的社交互动能力，培训主要从直播间的布置、道具的准备和沟通技巧等方面展开。首先，干净、明亮的电商直播布置和完善的道具准备会让观众感到舒适，企业应培养主播的环境适应能力；其次，主播需要了解如何聊天才能让直播间气氛保持活跃。主播的人格魅力主要分为主播的基础魅力与风格魅力。首先，新人电商主播所要培养的基础魅力主要指亲和力，人格魅力散发的第一步便是要与人亲近。因此，企业应注意培养主播谦和的待人姿态。其次，风格魅力指优质主播留住回头客、扩展新消费者的关键，因此，企业应针对不同风格的主播进行定向培养，以发展不同层级的客户。

（三）事后复盘

事后复盘主要指主播在正式上岗后，根据其直播综合性反馈对其绩效表现进行评价与考核，常用的指标有：直播观众流量、商品成交量与投资回报率等。同时，主播在培训上岗后要进行不同维度的激励，持续激发主播潜能，才能给电商企业带来更大的利益。而根据麦克利兰的成就激励理论，电商企业应设定一些成就任务的尺度，达到某种成就尺度的主播可以得到相对应的荣誉称号与奖励，让主播之间在相互竞争中提升实力。而在如今电商直播领域，可以测量的成就尺度主要分为在线观看人数、订阅人数和产品销售量等。在规定的时间段，对上述成就任务的达成与失败进行反馈，一方面可以激励主播招揽更多的粉丝并提升销售技能，另一方面也可以给未达成任务的主播找到自身不足之处。例如，从订阅人数就可以看出主播在人气方面的优劣势，从观看人数与产品销售数量比可以看出主播在产品销售技能上是否合格，因此人气可以依靠主播魅力招揽，而产品能否成功销售主要在于主播的销售才能。综上所述，主播的事后复盘应根据电商直播成功的主要测量维度进行细分，让主播从各种细分维度中找到自身不足并发挥自身优势，以推动电商直播的可持续发展。

由此可见，企业的招聘选用、培训上岗、事后复盘可以系统性地培养、检验与提升主播的能力与素养，建立合理有效的互联网经济时代主播培养范式。

三、主播自身修炼

无论是行业的宏观支持还是企业的系统培养，能够给主播提供的能力基础与提升空间都是有限的，要成为一名优秀的直播电商主播，除却依托外部利好环境，更重要的是自身应勤勉修炼，将外在能力表现内化为自身素养，提升自我价值，增强可持续竞争优势。

（一）主播自身素养要求

电商直播作为一种新兴的电子商务营销模式，相关行业规范和制度都尚在完善之中，作为从业人员，主播应当首先遵守爱岗敬业、诚实守信等基本职业道德。其次，针对电商直播行业信息效率高、流通环节少、交易成本低、发展升级快等特点，主播还应在职业活动中秉持勤于学习、乐于思考、勇于实践、敢于创新的职业信念，不断提高自身素质，加强职业道德修养，为电商直播行业的规范发展贡献自己的力量。主播自身素养主要由商业素养、新媒体素养和综合素养三部分组成。

1. 商业素养

电商直播作为一种全新的营销模式，本身就是商业活动中的重要一环，因此，主播需要具备基本的商业素养，培养自身的发展意识、风险意识、规则意识与风险意识。发展意识，即在发展实践基础上对社会发展系统化、理论化的认识，它是社会发展的客观进程在人的意识中的反映。风险意识，即在商业活动中对时间、成本、人员、效益等商业运营环节可能存在的风险进行预判、规划和应对的意识。规则意识，即在商业活动中自觉遵守商业活动伦理、行业规范和企业制度的意识。服务意识，即在商业活动中为相关利益方、合作方提供热情、周到、主动服务的意识。

2. 新媒体素养

电商直播作为一种全新的营销模式，其创新之处就在于新媒体技术和平台的广泛介入，因此，从业人员需要具备基本的新媒体素养，即适应全新媒介环境和社会关系变化，构建更大、更好的社交网络所必须掌握的基本知识技能与行为规范，具体包括媒介意识、视觉化能力、创新意识等方面。媒介意识，即能够充分认识所使用的新媒体技术和平台的特殊媒介属性，掌握相应的信息渠道和格式，从而适应超文本、网络化的交流模式。视觉化能力，即在以视频和图像方式为主导的网络平台，具备以图像化处理为主要方式的网络工作能力，能够适应更加视觉化的沟通交流模式信息组织能力，即能够在海量的网络信息中识别有效信息，并根据自身需求对有效信息进行组织，以实现有效交流的能力。创新意识，即在日新月异的网络环境下能够以现有思维或常人思路的见解，利用现有的知识和物质，在特定的环境中，本着理想化需要或为满足社会需求而改进或创造新事物（包括产品、方法、元素、路径、环境等）的意识。

3. 综合素养

电商直播作为一种全新的营销模式，尚处在发展阶段，因此需要从业人员具备过硬的个人综合素养，为行业的持续发展提供支撑。结合电商直播行业属性，从业人员应具备的综合素养包括团队合作意识、沟通交流能力、复盘能力、抗压能力等。团队合作意识，即具有良好的团队意识和精神，能够围绕一个统一目标，在团队内部进行有效的组织协调工作。沟通交流能力，即能够在事实、情感、价值取向和意见观点等方面采用有效且适当的方法与他方进行沟通和交流的能力。复盘能力，即具备通过对某个周期、阶段或时间点的思维、行为进行回顾、反思和探究，进一步提升自身思考与行动水平的能力。抗压能力，即能够承受高压工作环境、职业逆境等带来的心理压力，有效调节负面情绪的能力。

（二）主播自身素养修炼途径

1. 理论基础知识学习

主播这一职业孕育于实践，是互联网经济发展的产物，但实践与理论仍密不可分，有优秀理论的指导，实践将取得更大的进步。因此，主播自身素养修炼的关键途径之一便是通过理论知识学习夯实基础。以主播的社交互动能力为例，社交互动能力作为主播与粉丝关系建立、发展与维持的必要条件，涉及传播学、沟通学与心理学等诸多学科，因此主播应对传播特征、沟通机制、心理学动因等理论有全面的认识和理解，以帮助社交互动能力的塑造与提升。

2. 行业优秀案例学习

虽然直播电商行业相较于其他行业仍属于发展阶段，但行业内仍然存有一定的成熟实践经验与优秀案例，因此为更好地提高个人素养，主播除了向理论学习，也应当向行业优秀案例学习。行业优秀案例如李佳琦、薇娅等头部主播，除了人设讨喜、赶上直播电商高速发展时期等，其自身的特色和人格魅力也是吸引大量消费者，产生并维持可观交易量的原因。因此，想要成为优秀主播的人也应当向行业标杆看齐，多观摩成功的直播活动，从中吸取经验。此处的经验不限于直播技巧，还包括更宽广的眼界。

3. 直播实战常规演练

如果一味地停留于基础理论学习或是从优秀案例中汲取经验，感性知识无法质变为理性知识，更无法通过实践的检验，因此想要让学习经验落地，内化的自身素养真正成为能力转化、收益变现的杠杆，主播必须进行有规律的直播实战演练。实战演练并非只是直播训练，而是一个系统的能力锻炼、检验、反思与提升的过程。在一次有效的实战演练前，直播运营团队应将主播的能力考核指标详细定义，并量化成为可测量的参数，以便在实战演练中监督与检测。同时，有效的实战演练需要主播全心投入并具备自省意识，将每次实战演练当作进步的阶梯，一步一步脚踏实地地补足缺陷、完善自身，从而成为一名优秀的直播电商主播，为行业的发展和经济的进步贡献自己的力量。

第三节　主播的成长发展

作为一种职业，主播成长发展的路径根据不同的标准可以分成不同的类别，大致如下：

一、职业内成长发展与职业外成长发展

以主播发展的职业方向为标准，主播成长发展的路径可以分为职业内的成长发展和职业外的成长发展。其中，职业内的成长发展主要是指在主播这一职业通道中不断成长和发展。这里的成长发展可能是所属主播梯队的变化，例如，从大体量主播发展成为当家主播甚至电影明星或歌手，也可能是主播类型的变化，比如从人设型主播成长为专业型主播或由代表性主播向名人型主播发展等。

二、组织内成长发展与组织外成长发展

以主播成长发展的组织方向为标准，主播成长发展的路径可以分为组织内部的成长发展和组织外部的成长发展。主播无论是在组织内部的成长发展还是在组织外部的成长发展，都既可能是职业内的也可能是职业外的。比如主播在同一企业内，可以围绕主播职业发生梯队的变化，这些变化可以是主播类型的变化，还可以是从主播成长为直播运营经理、电商运营经理、公司直播电商的负责人甚至公司层级的领导……这些成长和发展都属于主播在组织内的成长发展。如果以上成长和发展发生在企业外，那么则属于组织外部的成长发展。但是，组织外部的成长发展却不仅仅限于此，我们可以把主播在企业外部发生的成长发展均包含在其中，限于篇幅此处不一一列举。

三、业内成长发展与跨业成长发展

以主播发展的行业方向为标准，主播成长发展的路径可以分为行业内部的成长发展（简称"业内成长发展"）和行业外部的成长发展（简称"跨业成长发展"）。无论是行业内还是行业外的成长发展，都既可以是组织内部的，也可以是组织外部的，可以是职业内的也可以是职业外的。例如，一家医疗企业直播电商团队的主播转到一家通信服务企业做主播，这属于典型的职业内跨业发展；如果这位主播转到通信服务企业做销售总监，这就是职业外跨业发展；要是这位主播晋升为这家医疗企业直播电商运营总监，则属于组织内部的业内成长。

从以上归纳我们可以看出，主播职业的成长发展路径是很宽的，选择也是多样的。企业可以结合实际为主播提供广阔的职业发展通道，促使主播明确自身职业发展方向。此外，选择主播这一职业的从业人员应结合自身实际，提前规划好自身的职业发展道路并为之努力。企业和主播在主播职业发展规划中的良性互动，有助于直播电商团队目标及成员目标的有效达成。

第五部分
直播电商的未来

第十一章

直播电商的发展趋势

第一节　经营多样化

一、内容垂直化

随着直播行业的兴起，未来将会出现越来越多的直播间，用户的选择太多，通过直播来获得大量用户红利将变得更加困难。同时，同质化直播增多，会使观看直播的用户感到吸引力不大。随着市场饱和度及用户成熟度的提高，用户对直播内容的需求和专业度更高。因此商家将直播内容聚焦在某一特定领域，在细分市场做内容的垂直深耕，同时提供多元化的商业输出模式，将是未来直播内容输出的主要发展趋势。

从众多同质化直播间中做内容垂直化，将目标聚焦在某一特定用户群体的需求，将是未来直播电商的一大发展趋势。比如只要一提到口红，我们就能想到主要做美妆直播的李佳琦，那么有美妆或口红需求的用户，就会去关注他的直播间。而他直播间中标志性的话术，已成为他的一种符号或标签。事实上，当今互联网竞争日益激烈，许多直播平台更愿意扶持在特定领域做出受用户欢迎的垂直内容的直播账号，因为这些内容清晰的直播账号往往能保障平台自身更多的关注度。因此，商家不应盲目进入直播行业，而应先确定好适合自己的领域，然后通过人设和内容不断塑造在这一领域深入人心的形象，持续输出垂直的优质内容，将会收获一大批忠实粉丝。

随着用户群体对直播内容的需求更专业，未来直播电商的细分市场将出现更多新的机会。商家结合自身优势，加快抢占垂直细分阵地，加深垂直领域定制化商品服务，将是电商直播未来的竞争趋势。

二、直播常态化

我们知道，每个平台都有关于直播曝光的排序权重，比如说直播内容的优劣、进入直播间的人数、直播间人均停留时长以及直播时长等。

按照目前淘宝的规则来说，低于 3 小时的直播活动基本上等于没有直播，因为淘宝直播的浮现机制是基于实时热度计算的，很多时候直播在进行一两个小时后才会被平台推荐，然后被推送流量。

因此看中直播带货或把直播作为超级流量入口的商家，建议将直播作为一种常态化的工种，将直播时长定为 8 小时以上。在淘宝直播排名的浮现机制下，能在直播频道引入大流量的直播间，一般直播时长都在 8 小时以上，有些商家甚至为了长期占据推荐位，会出现 24 小时不下播的情况。基于平台规则，以高质量的直播内容、有趣的交互、强有力的吸粉技巧，再加上常态化的直播方式，也是商家大力发展直播电商的主力模式。

三、主播多元化

随着越来越多的主播进入直播电商领域，未来直播电商的竞争态势激烈，主播群体将呈现多元化演变的趋势。头部主播将凭借强势的流量吸引力，横跨多个品类形成资源和影响力的正向循环；类目主播将凭借自身的专业度形成垂直领域的专家；而更多的中尾部主播则将由海量的店铺导购及在线客服人员组成。

头部主播凭借其强大的粉丝基数、流量入口以及出众的综合素质，积累起了大量忠实的粉丝群体。凭借对粉丝的引导和影响能力，头部主播又能够对品牌商形成极强的议价能力，在商品价格、新品首发等方面形成更高的壁垒，其品牌资源与粉丝影响力得以形成不断加速的正向循环。

各个商品类目也将出现在其垂直领域具有话语权的专家主播。目前活跃于微博、抖音、小红书等平台的商品评测博主是最接近垂直类目主播形态的人群，也更容易受到粉丝及观众的信赖。如果此类博主进入直播电商领域，能更好地将内容专业性与趣味性结合，将在直播带货方面取得更大的商业化进展。

中长尾的主播群体将由海量店铺导购及在线客服组成。在淘宝平台，直播模块已成为大量店铺的首页标配，直播这一交互模式能够帮助品牌商与消费者建立更真实的消费体验，这类型的主播一般会以一种常态化的方式开展直播，从而在线上实现更有效的交流互动及直播变现。

第二节　供应链多样化

一、直播供应链整合

随着直播行业的迅速发展，直播带货使得产品销量得到了质的提升，直播间的流量与持续盈利特别依赖供应链的优势，而 MCN 机构的其中一项竞争因素，也是其供应链整合能力，因此供应链成为直播电商的关键环节，其地位越来越重要。从目前直播电商的发展产业链来看，直播供应链将会呈现如下集中模式：

（一）批发档口模式

这种模式的供应链主要存在于批发市场中，其实现方式分为：第一，单个档口与市场"走播"合作；第二，将批发市场商户整合为供应链机构，邀约主播进行直播；第三，由第三方或者物业牵头组织档口参与，整合成供应链机构。

这种模式由于档口数量多，款式更新比较快，种类多样，性价比高，很受主播的欢迎，能帮助新手主播快速成长；同时用户与主播或商家可近距离交流，对产品的展示和互动更直接，缩短了用户在购买过程中的时间成本。另外，批发档口的产品价格比市场销售的价格优惠很多，因此用户更愿意购买。这种批发档口模式更适合针对中小商品的直播带货，比如义乌小商品城就采用了这种直播模式，开辟了线上直播带货的新方式。

（二）品牌集合模式

品牌集合模式，指利用自身优势资源，通过与线下专柜品牌合作，建立自己的直播集合场地，并邀请主播带货。这种模式可以集合多品牌共享供应链资源，统一管理供应链，从而品牌资源丰富，货品多样，一般商品优惠力度较大。商家通过多品牌的联动，还可以承接超级内购会，吸引更多主播加入，推动直播基地的整体收益。采用品牌集合模式的供应链机构未来可以通过自建电商运营团队，孵化自家主播，来保障自己的核心竞争力。

（三）品牌渠道模式

与品牌集合模式不同，品牌渠道模式的供应链机构通常是一家具有一定数量线下门店的品牌方，依托原有的资源打造自有供应链，定期开发一批产品并邀约外部主播合作，或与几个适合自身定位的主播合作开发联名款产品，直播只是品牌方增加销量的另一个渠道。

这种模式下供应链机构所提供的产品款式较新，和主播风格匹配度高，直播转化率相对较高，利润空间较大，未来可以自主培养主播或者与其他主播联名开发，采用产品定制以及设计生产直播的方式，吸引到一大批忠实顾客。

（四）直播基地

与前面所介绍的模式不同，直播基地具有更聚合的效应。直播基地的运营主体通过聚集电商平台公司、网红孵化公司、网红经纪公司、品牌商及供应链、网红达人等直播电商各个环节参与主体。运营主体提供直播场地、设备、摄影师、后期制作、网红培养等，连接 MCN 机构、供应链等直播电商参与主体。其中，直播基地运营主体、MCN 机构、品牌商三者之间的关系可以概述为：

（1）直播基地运营主体自有或承租物业成立直播电商基地，并负责直播间装修、邀约品牌商及 MCN 机构、网红达人等入驻，搭建完整的供应链；

（2）MCN 机构根据自身发展需求，选择直播基地入驻，并与运营主体签订直播间、器材等租赁协议，与主播达人确立合作协议及收益分成等；

（3）品牌商根据自身供应链情况及产品生产能力及仓储物流能力，选择合适的直播基地合作，并与 MCN 机构或主播达人确定合作协议及分佣机制。

不同直播基地的商业模式存在差异，MCN 机构、品牌商、主播达人在选择直播电商基地时，可与基地运营主体进行沟通，明确基地的商业模式和合作机制、成本及利润分配机制等内容，从而确定具体的合作对象与方案。

二、反向议价

所谓反向议价模式，是一种网红主播先搜集粉丝需求，或锁定到某一品牌某一商品的购买需求，即搜集了粉丝们的"购物清单"，然后再反向去品牌商那里谈折扣，属于类似团购的一种模式。依靠网红强大的议价能力及粉丝明确的购买需求，这种模式一般能拿到全网较低的折扣价格，既能满足粉丝的高性价比产品需求，增加粉丝黏性，又能达到品牌曝光及卖货的目的，实现三方共赢的局面。

反向议价也适合消费者个性化定制需求的场景，先确定需求订单再安排设计和生产，避免出现商家库存挤压和滞销的情况。这种模式基于消费者的需求，并且消费者有更多的参与权和主动选择权，是主播积累粉丝的有效方式，有利于新品牌新产品的设计和发展，也是未来用户乐于参与的一种方式，能推动直播电商和产业创新的新突破。

三、C2M 扁平化生产营销

随着直播电商用户的不断成熟，消费者需求不断上升，未来拥有流量优势的主播和供应链管理能力的 MCN 机构，与拥有产品设计能力、质量管控能力及生产能力的工厂，可通过 C2M 的方式合作，创新扁平化营销，更适合消费需求。

C2M（Customer-to-Manufacturer，用户直连制造商），即消费者直达工厂，强调的是制造业与消费者的直接衔接。在 C2M 模式下，消费者直接通过平台下单个性化需求，工厂接受消费者的需求订单，然后根据需求设计、采购和安排生产。这种模式去除了所有中间流通加价环节，连接设计师和制造商，为用户提供大牌品质、工厂价格、个性化定制的产品。C2M 模式早在几年前就存在，而在 2020 年新冠肺炎疫情期间，由于工厂原有订单被取消，为了缓解现金流压力，利用 C2M 模式转线上定制化生产帮助工厂或品牌方寻找到新的发展机会。而直播电商的爆发式发展，进一步强化了这种模式的经济和社会效益。

在直播电商领域，这种扁平化的模式率先由主播搜集获取消费者个性化需求，分析整合后向工厂下单，工厂根据需求生产样品，然后主播通过直播、短视频等方式向消费者展示样品，进而促成交易达成，这是一种先订单、后生产的模式，满足更多个性化、柔性化的多规格化生产。近期薇娅等头部大主播开始尝试这种 C2M 模式，直播运营团队从粉丝需求出发，参与工厂产品的设计和品控等环节，从而保障了用户需求的满足和持续的粉丝黏性。

在这种模式下，工厂为直播电商提供具有竞争力的出厂价，直播则满足工厂对流量的诉求，让品牌有了更高的关注度，有些主播们甚至直接深入生产现场，使得用户对产品有更加真实直观的印象。厂家通过直播前端数据可以了解消费者的具体需求并改良生产方案，更准确地预估订单数，从而降低整体成本，这也促使工厂必须升级品质与流程来配合平台的定制化需求。

C2M 模式未来有望成为更多 MCN 机构的固定业务，这种扁平化的营销模式能为 MCN 机构和工厂带来新的收入来源。在直播电商的驱动下，未来 C2M 模式可能成为主流的商品交易模式。

第三节　技术赋能新直播

一、裂变式直播电商新模式

2020 年，腾讯智慧零售面向微信生态内的商家推出了一款直播工具——直享，这款产品不仅涵盖直播、库存量管理、支付、售后等直播全链路环节，可以说是一站式直播带货解决方案，还具备内容分发能力，是一种裂变式的直播新模式。

品牌方入驻"直享"成为直播商家，可通过直享创建直播、开设商城、上架商品，同时还能邀请经销商、门店等绑定为直享号，这不仅可以直接获得直播画面内容及线上商品，还可以引起在朋友圈、社交群的二次传播，最终促成观众的线上购买行为，完成从品牌方到经销商到个人的社交圈主动裂变式传播。

直享能够充分整合全链资源，调动起各个环节的积极性和参与感。通过层级设定、邀请码分享以及分享号激励等创新方式，结合数据管理、追踪等技术手段，形成品牌商、经销商、实体终端乃至个体的通路，从而形成直播生态，盘活所有的私域能量。直播间内的所有加粉或交易都以闭环的形式沉淀，确保私域流量不外流。

直享将帮助品牌商快速精准地找到目标用户，让消费者可以享受到便捷的线上购物体验，同时又融入全新的线上消费环境。观众将拥有更多的自主参与性，他们不再是被动地接受，而是可以主动地去传播、去直享，这也会进一步强化品牌的用户黏性。品牌商、渠道商、实体终端甚至用户之间的合作关系将被重新构建，新生态、新环境将应运而生，这也将为线上零售带来全新的发展空间。

二、智能技术赋能直播电商

电商直播快速发展的同时，也逐渐浮现出越来越多的用户需求，比如直播中看不清产品细节、摸不到产品质感、无法准确感知到产品。伴随着 VR（虚拟现实）、AR（增强现实）、AI（人工智能）、机器人技术的推动，直播技术将与科技元素相结合，不断完善用户体验。

在线直播平台将借助技术为其赋能，通过布局 5G、VR、AI 等技术获取差异化优势，寻求平台留存用户，提高收益的突破点。5G、VR、AR 融入直播体验，从当前的可视性到代入感加强、临场体验感加强，增强在线直播的即时性交流互动，增强多端的真实体验，并且有利于发展多元化直播互动与打造多元化直播内容。技术的应用带来成本的下降、用户体验的提升，有助于提升用户对于直播平台的忠诚度，而直播内容和形式的进一步发展能够使直播行业生态呈现更多的商业模式。

未来伴随着 5G 的商用，其传播速度比 4G 快近 20 倍，同时 VR 技术、AR 体验的融入将实现更直观的交互方式。因此，更好地利用智能技术赋能电商直播也是各平台强势竞争的核心方向。

第十二章

直播电商管理规范化

直播电商借助场景化、社交化、内容化的直播方式，帮助用户降低决策成本，帮助企业新品牌和新产品更加快速地提升知名度。同时，直播购物的方式受到消费者的追捧，直播电商成为电商行业重点发展的方向。

但在直播电商新业态新模式的高速发展过程中，也暴露出了越来越多的问题，比如主播专业性人才稀缺、优质内容匮乏、人才标准不统一、从业规范不完善等，不利于直播电商行业长期健康发展；而在产品方面，当前直播产品通常价格较低，主播数量多且难以管控，可能出现销售假冒伪劣商品从而影响行业形象及消费者购买意愿的情况。如有产品出现问题，往往无法明确是商家、平台还是主播等的责任。

商家或个人想要从事直播电商业务，需要提前熟悉各平台的规则及制约条款，避免触碰到平台的经营风险而导致直播账号受损，并且心中要有法律底线，否则如果因为触犯法律或违反规定而被封号，将不利于品牌直播电商的长期发展。

网络直播电商在 2020 年迎来井喷式发展，随着电商行业高速发展，直播电商行业规范、消费者合法权益逐渐受到国家、行业及平台的重视。

第一节　国家层面

随着直播电商新业态的强势入场，中国广告协会密切关注直播行业发展，经过充分的市场调研，征求各方意见，并得到国家市场监督管理总局有关单位、中国消费者协会的大力支持，在 2020 年 6 月 24 日，制定了《网络直播营销行为规范》（以下简称《规范》）。该规范属于首部国家层面的直播电商行为规范。该规范对直播电商中的各类角色、行为都做了全面的定义和规范。

《规范》规定了网络直播营销活动中不应该包含的内容细则，商家、主播、平台以及其他参与者各方在直播电商活动中的权利、义务与责任。同时，《规范》也回应了当前直播电商发展中存在的一些问题，引导各个平台强化商业体系和规则的建设，帮助营造良好的直播电商消费环境。《规范》具体包含了对直播平台、入驻平台商家、主播、MCN 机构的要求。

（一）直播平台

应该依法经营，履行消费者权益保护、知识产权保护、网络安全及个人信息保护等各方面义务；对入驻平台的市场主体要求提供资质规范、身份审核、商品或者服务推广内容规范与审查监控，完善消费保障与规范，加强商家主播信用评价奖惩体系等制度，建立便捷的投诉、举报机制，加强内容生态治理，等等。

（二）入驻平台的商家

依法履行电子商务经营者的义务与责任，提供真实有效的主体信息及相关许可证，遵守法律规范和平台入驻规则，保证直播商品或服务合法，规范宣传行为，保障消费者人事安全及合法权益等。

（三）主播

遵守法律规范及平台规则要求的入驻规则，合理设置直播间、账号、宣传等场景，规范直播营销中的言行，不得虚假宣传、欺骗、误导消费者，不得损害商家、平台合法权益，遵守平台直播电商规定及国家有关规定。

（四）MCN 机构

依法取得相应经营主体资质，按照平台规则签订协议，确保各方权利和义务，对签约主播的资质、直播内容进行规范建设，建立健全内容管理规范，加强对签约主播的培训和管理，以及对内容发布的事前规范、事中审核、违规行为事后及时处理，与平台共同营造健康的网络活动营销生态。

2020 年 7 月 14 日，为支持新业态新模式健康发展，打造数字经济新优势，国家发展改革委、网信办等十三个部门发布《关于支持新业态新模式健康发展 激活消费市场带动扩大就业的意见》（以下简称《意见》）。《意见》提出，营造鼓励就业模式创新的政策氛围，支持大众基于互联网平台开展微创新，降低个体经营者线上创业成本，提供多样化的就业机会；支持微商电商、网络直播等多样化的自主就业、分时就业；鼓励发展基于知识传播、经验分享的创新平台。

直播电商因新冠肺炎疫情而全面发展，直播带货连创新高，吸引了大量传统商家转型直播电商，也引起了各地政府部门的高度关注，陆续出台了一系列相关政策，力求抢占直播高地先机。在 2020 年 3—6 月期间，多地政府出台直播产业扶持政策，比如广州出台的《广州市直播电商发展行动方案（2020—2022 年）》、上海制定的《上海市促进在线新经济发展行动方案（2020—2022 年）》、重庆印发的《重庆市加快发展直播带货行动计划》、义务出台的《义乌市加快直播电商发展行动方案》，以及杭州的12 条直播电商支持政策等，这些相关政策明确了发展目标，又指出了具体的发展路径，同时在资源整合、政策支持、创业奖励、人才培养及体系搭建等方面提供全方位的政策助力。

第二节　行业层面

2020 年 6 月 17 日，由浙江省网商协会主办的"直播电商行业治理论坛"在杭州举行，阿里巴巴、抖音、快手、云集、贝贝等电商及直播平台代表，以及薇娅所在的谦寻，雪莉所在的宸帆以及如涵等 20 余家头部 MCN 机构代表共聚一堂共商行业治理。阿里巴巴集团、淘宝直播、谦寻、贝贝、抖音和快手的相关负责人和专家围绕平台治理实践、履行社会责任、落实企业主体责任等主题做了交流分享。

会中就直播电商中存在的主要问题，比如无资质经营、违法广告、虚假承诺、假冒伪劣商品以及刷单炒信等行为进行了讨论，并就当前直播电商存在的法律风险，以及直播电商生态圈和产业链中电商平台、直播平台、商家、网红达人以及 MCN 机构不同法律角色和对应法律责任进行了研讨和界定。

在征求了行业内各方建议后，浙江省网商协会起草了《直播电子商务服务规范》的标准，从直播电商生态圈和产业链的视野出发，依据直播电商链条上的不同角色，对平台、主播、商家、MCN 机构、行业等提出了相应的规范标准，确立了资质审核标准、直播规范、违规处理、消费者权益保障等全流程的规范体系，致力于推进直播电商行业的有序健康发展。

同一时期，由中国商业联合会媒体购物专业委员会牵头起草制定的《视频直播购物运营和服务基本规范》和《网络购物诚信服务体系评价指南》两项标准，是直播带货行业内首部全国性社团标准，并于 2020 年 7 月 1 日正式实行。标准对参与社交媒体和视频直播购物经营者相关的义务进行了统一规定，并对视频直播从业人员的相关培训、主播资质做了明确要求，同时对消费者保护有更明确和细化的规定。该标准将引领我国直播购物和网络购物行业的发展方向，有效杜绝直播行业乱象，重塑行业生态，帮助规范直播购物领域的市场秩序。

在 2020 年 7 月，人民优选平台也在中国消费者协会、中国广告协会的支持下，携手地方政府、电商平台、短视频直播平台、MCN 机构等，共同组建"人民优选直播联盟"，同时发布"直播投诉平台"，助力解决消费者直播购物维权问题，发挥媒体的舆论监督作用，保护消费者合法权益。

第三节　平台层面

除了国家及行业相关法律规定外，各大直播平台也制定了自己的内部规范，比如字节跳动公司旗下的今日头条、抖音短视频、西瓜视频和火山小视频四大平台，联合发布了一则《2019平台直播自律白皮书》，对直播平台中出现违反社会公序良俗的内容提出了相关的自律机制，白皮书大概内容包含如下：

（一）完善直播内容审核的流程与机制

做好平台自律，首先要建立健全直播内容风险发现和防范的流程和机制，包含主播注册与开播的审查机制、直播内容的"机器+人工"的高效审核机制、用户举报监督的处理等。

（二）制定严格的内容审核标准和惩处制度

严格禁止违法违规行为，并不断细化各类直播行为的具体规范；制定直播违规分级处罚措施和主播安全分级制度等。

为贯彻落实国家及有关部门的法律和规则，营造良好的网络环境，四大平台更联合制定了相关直播行为规范，明确了相关违规行为及对应的处罚办法。规范中所提到的内容审核标准，除遵循法律法规和监管部门要求之外，积极正向的三观、符合公序良俗、彰显社会责任等内容，也构成了审核标准的重要维度。

（三）致力于构建积极向上的直播内容生态

直播平台要长远发展，离不开建立一个健康、优质的内容生态。针对主播和用户也要开展积极的引导工作，引入主播培训体系，引进更多正能量的优质内容，通过多方参与和努力，共同提升直播内容质量，共建良好生态。

同样，淘宝从2016年上线直播开始，就建立了直播新经济的生态规范，并在实践中不断优化，加入社会化监督通道比如志愿者举报、平台治理审核与处置等措施，保障直播新经济的健康发展。

为优化和增强内容创作者和消费者在淘宝直播平台上的体验，阿里巴巴集团在2020年1月1日起正式实施《内容创作者管理规则》，详细说明各种违规情况，并添加消费者体验指标来突出优质内容。同时阿里直播体验团队还专注于从内容交易规范、直播间风险管理、消费者体验升级等多维度开展优化升级，努力为消费者提供更好的直播体验。

新规则还首次纳入了消费者体验指标，将消费者对直播相关订单产品的反馈作为重要参考依据，比如产品质量、售后、卖家服务、物流服务及其他指标。如果直播商家的各项指标都是良好或优秀，将优先获得准入，让更多的人看到优秀的主播和优质的直播产品，让消费者可以放心购买。

参考文献

［1］郭全中. 中国直播电商的发展动因、现状与趋势［J］. 新闻与写作，2020（8）：84-91.

［2］郭红东，曲江. 直播带货助农的可持续发展研究［J］. 人民论坛，2020（20）：74-76.

［3］王志和."直播+电商"如何助力乡村振兴［J］. 人民论坛，2020（15）：98-99.

［4］刘洋，李琪，殷猛. 网络直播购物特征对消费者购买行为影响研究［J］. 软科学，2020，34（6）：108-114.

［5］郭全中，MCN机构发展动因、现状、趋势与变现关键研究［J］. 新闻与写作，2020（3）：75-81.

［6］梁芷璇. 电商直播的传播特征、问题及对策研究［D］. 兰州：兰州财经大学，2019.

［7］张英瑛. 新媒介时代出版机构的网络直播营销模式探析[J]. 出版广角，2019（4）：68-70.

［8］江芳. 网络直播的四大商业模式选择［J］. 传媒，2019（4）：45-46.

［9］成也，王锐. 网络直播平台的治理机制：基于双边平台视角的案例研究［J］. 管理案例研究与评论，2017，10（4）：355-363.

［10］杨琨，杨伟."网络直播+"：移动互联网影响下的品牌营销新模式［J］. 出版广角，2017（10）：65-67.

［11］沈霄，王国华，杨腾飞，等. 我国网红现象的发展历程、特征分析与治理对策［J］. 情报杂志，2016，35（11）：93-98.

［12］梁芷璇. 电商直播的传播特征、问题及对策研究［D］. 兰州：兰州财经大学，2019.

［13］赵唯一. 网络红人 IP 化策略及其价值变现研究［D］. 杭州：浙江传媒学院，2018.

［14］艾丰. 名牌论［M］. 北京：经济日报出版社，2001.

［15］RANGASWAMY A, BURKE R R, OLIVA T A. Brand equity and the extendibility of brand names［J］. International Journal of Research in Marketing, 1993, 10（1）：61-75.

［16］周苏, 王硕苹. 大数据时代管理信息系统［M］. 北京：中国铁道出版社，2017.

［17］杨浩. 直播电商［M］. 北京：机械工业出版社，2020.

［18］克劳锐. 2019"直播+电商"微生态发展报告［EB/OL］.（2019-12-24）［2020-06-01］.https://www.sohu.com/a/362563142_726993.

［19］宁浮洁, 丁浙川, 周洁. 直播电商三国杀：从"猫拼狗"到"猫快抖"［EB/OL］.（2020-03-20）［2020-06-01］.https://www.meadin.com/yj/211877.html.

［20］克劳锐. 2020 年中国 MCN 行业发展研究白皮书［EB/OL］.［2020-06-01］.https://www.sohu.com/a/396775985_120297668.

［21］东北证券. 大风口！直播电商"人货场"趋势解读［EB/OL］.（2020-04-13）［2020-06-01］.https://www.sohu.com/a/387402290_415205.

［22］RIES A, TROUT J. Positioning：The battle of your mind, 20th anniversary edition［M］. New York：Mcgraw-Hill, 2000.

［23］吕一林. 市场营销学原理［M］. 北京：高等教育出版社，2011.

［24］李瑛, 王恩豪. 网络直播对区域文化的创新表达：以"虎牙·湖南"品类为例［J］. 新闻爱好者，2019（12）：63-65.

［25］科特勒, 阿姆斯特朗. 市场营销原理［M］. 楼尊, 译. 北京：中国人民大学出版社，2010.

［26］王欢. 传播学视角下网络舆情分析［J］. 科技传播，2017, 9（24）：154-155.

［27］陈海英, 邵丹萍. 论坛营销运作策略探讨：以网络卖家为例［J］. 中国商贸，2012（6）：60-61.

［28］陈昌凤, 仇筠茜. 微博传播："弱关系"与群体智慧的力量［J］. 新闻爱好者，2013（3）：18-20.

［29］肖琳, 徐升华, 王琪. 社交媒体发展与研究述评［J］. 图书馆学研究，2016（14）：13-16.

［30］左文明, 王旭, 樊偿. 社会化电子商务环境下基于社会资本的网络口碑与购买意愿关系［J］. 南开管理评论，2014, 17（4）：140-150.

［31］祝振媛. 基于信息分类的网络书评内容挖掘与整合研究［J］. 图书情报工作，

2016 (1): 114-124.

[32] 李纲, 王忠义. 基于语义的情感挖掘系统的设计与实现 [J]. 现代图书情报技术, 2011, 27 (7): 97-103.

[33] 楼小帆, 吴军, 马严, 等. 基于 LDA 模型的高校论坛热点提取系统 [J]. 华中科技大学学报 (自然科学版), 2016, 44 (1): 186-189.

[34] 卞文良, 鞠颂东, 徐杰, 等. 在线 B2C 顾客物流服务感知及相关因素的实证研究 [J]. 管理工程学报, 2011, 25 (2): 14-20.